AF230584

Chanoine P. PEYRON

Archiviste de l'Évêché de Quimper

LE CULTE

DE LA TRÈS SAINTE VIERGE

DANS LE DIOCÈSE DE QUIMPER

(Congrès Marial du Folgoat 1913)

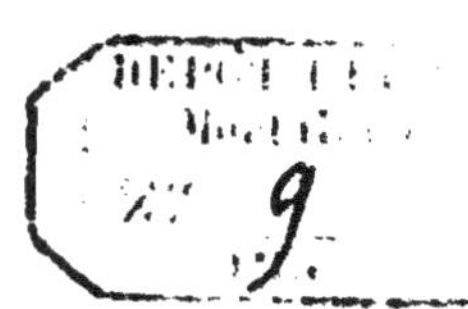

VANNES

LIBRAIRIE LAFOLYE FRÈRES

—

1914

LE CULTE DE LA TRÈS SAINTE VIERGE

DANS LE DIOCÈSE DE QUIMPER

Chanoine P. PEYRON

Archiviste de l'Évêché de Quimper

LE CULTE

DE LA TRÈS SAINTE VIERGE

DANS LE DIOCÈSE DE QUIMPER

(Congrès Marial du Folgoat 1913)

VANNES

LIBRAIRIE LAFOLYE FRÈRES

—

1914

LE CULTE DE LA TRÈS SAINTE VIERGE

DANS LE DIOCÈSE DE QUIMPER

Les Saints, durant leur vie, sont pour nous une source de biens, par leurs leçons, les exemples qu'ils nous donnent et par les miracles qu'ils opèrent en notre faveur.

Après leur mort, ils ne cessent pas d'être nos bienfaiteurs ; et dès que l'Eglise les propose à notre vénération, elle les ressuscite en quelque sorte, ordonnant que leurs restes soient exhumés et leurs images placées sur nos autels, afin qu'ils soient là bien vivants, prêts à écouter nos prières, et les mains pleines de grâces pour continuer à les répandre sur nous.

S'il en est ainsi des Saints, que ne devons nous pas penser de la Sainte Vierge qui n'a pas connu la corruption du tombeau et que Notre-Seigneur a appelée immédiatement près de lui, pour remplir son rôle de mère de la divine grâce, vis-à-vis des membres du Corps mystique du divin Sauveur.

La Sainte Vierge vit donc au milieu de nous ; et cette vie se manifeste par l'échange incessant de ses faveurs en notre endroit et de notre dévotion envers elle.

C'est l'histoire de ce commerce admirable de Notre Dame

avec les Bretons de l'Extrême Armorique dont je voudrais donner ici un aperçu, en disant :

I. CE QUE LA SAINTE VIERGE A FAIT POUR NOUS : LES MIRACLES ET FAVEURS ATTRIBUÉS A SA MISÉRICORDIEUSE INTERVENTION,

II. COMMENT LES BRETONS ONT TÉMOIGNÉ LEUR RECONNAISSANCE ENVERS LA SAINTE VIERGE.

Et, pour réaliser ce programme, il faudrait :

1° *Énumérer tous les sanctuaires qui lui sont spécialement dédiés, en les classant :*

A) Par ordre géographique : par paroisses, doyennés, archiprêtrés,

B) Par ordre chronologique, selon leur date d'origine,

C) Par ordre en quelque sorte logique, les groupant selon les divers titres de Marie à nos hommages,

2° *Donner autant que possible une notice sur chacun de ces sanctuaires ;*

3° *Exposer le culte de Marie sous toutes ses formes dans notre pays :*

A) Largesses faites aux lieux saints dans la suite des âges ;

B) Fondations en l'honneur de tel ou tel mystère de Notre-Dame ;

C) Institution des confréries groupant ses plus fervents serviteurs ;

D) Différentes formes de dévotion : pèlerinages, processions, ex-voto ;

E) Enfin, pour couronner le tout, une large exposition de tout ce que l'art, sculpture et peinture a produit chez nous pour honorer la Mère de Dieu.

Hélas ! ce plan si attrayant est malheureusement bien vaste et ne pourra être réalisé qu'en partie dans le présent Congrès ; notre rôle se bornera donc à donner un classement des chapelles dédiées à Notre Dame avec un essai historique sur ce commerce admirable qu'elle a entretenu avec ses fidèles Bretons dans les siècles passés.

I

CLASSEMENT DES CHAPELLES

La dévotion à Notre Dame se traduit naturellement par l'érection d'oratoires, où les fidèles viennent lui rendre hommage, implorer son appui ou la remercier des faveurs obtenues. S'il en est ainsi, il faut croire que notre pays a été un des plus dévots à Marie, car il en est peu qui puissent présenter un nombre aussi important de sanctuaires érigés en son honneur et dont quelques-uns sont des merveilles d'architecture.

Le diocèse de Quimper et de Léon en compte environ 270 dont 41 églises paroissiales ; et pour répondre au programme du Congrès, nous allons essayer d'en établir le classement, suivant les titres que nous emprunterons aux invocations par lesquelles on implore Notre Dame dans les litanies de la Sainte Vierge.

Turris Davidica, Turris Eburnea.

Sous ce titre de « Tour de David, Tour d'ivoire », nous aimons à proclamer Marie comme la forteresse inexpugnable, à laquelle nous demandons refuge et protection ; or n'est-ce pas dans cette pensée que nous voyons nos pères mettre leurs places fortes sous sa puissante protection ?

1° Saint Corentin dédia à Notre Dame de la Chandeleur l'église qu'il fonda dans l'enceinte du château du roi Gradlon, enceinte qui comprenait primitivement la seule place Saint-Corentin, qui jusqu'au XVIII° siècle porta le nom de « *tro ar c'hastel* », et formait une des sept paroisses desservies à Saint-Corentin sous le nom de parcelle du Tour du Chastel, ou paroisse Notre-Dame.

2° Saint Paul dédia également l'église de son siège épiscopal à la Sainte Vierge dans le vieux château démantelé qui depuis a toujours conservé le nom de « *Castel Paol* »; et une des sept paroisses du Minihy était sous le vocable de Notre-Dame de Cahel.

3° A Brest dans la vieille forteresse construite par les Romains, puis occupée par les rois et ducs de Bretagne comme station stratégique de la plus haute importance, est la chapelle de Notre-Dame du Château, dans laquelle s'exerça le culte jusqu'au XVII° siècle pour la garnison et les commerçants qui vinrent se grouper autour de ses murailles protectrices.

4° Notre-Dame du Porzou, ou des Portes, fut construite dans le château du seigneur du Faou, aujourd'hui Châteauneuf-du-Faou, lieu célèbre de pèlerinage, dont la Vierge a été couronnée en 1894.

5° Notre-Dame du Portal se voyait à l'entrée de l'enceinte fortifiée de Concarneau, chapelle dite du Rosaire depuis le XVII° siècle.

6° Carhaix possédait également au XV° siècle une chapelle dite « *Capella Beatæ Mariæ oppidi* », construite dans ce vieil *oppidum* qui défendait le pays d'alentour.

7° L'église de Notre-Dame de Lesneven, qui existait dans l'ancienne ville fortifiée, fut donnée au XII° siècle aux religieuses de Saint-Georges de Rennes; elle n'est tombée en ruine qu'au milieu du XVIII° siècle.

8° Notre-Dame de Châteaulin subsiste encore sur le monticule qui domine la ville près l'enceinte ruinée du vieux château.

On pourrait rattacher à cette catégorie les chapelles connues sous le nom de Notre-Dame-du-Mur *ou du Moguer* à Cléden-Poher, Landivisiau, Lanarvily, et Notre-Dame de Lesquelen en Plabennec près de la butte fortifiée construite par saint Ténenan.

Domus aurea, Fœderis arca.

C'est par un sentiment analogue que, lorsque la vie municipale commença à se développer, les bourgeois des bonnes villes sentirent le besoin de créer en dehors des églises paroissiales, un lieu de réunion où sous la protection de la Reine du ciel, ils délibéraient des intérêts communs : Notre-Dame devenait ainsi patronne de la vie civile, gage d'union et de charité entre les citoyens d'une même cité.

1° A Quimper c'est Notre-Dame de Guéaudet. « *Beata Maria de civitate* », comme traduisent les anciens actes. Elle existait dès le commencement du XIII⁰ siècle ; et on y a vénéré jusqu'à la Révolution une Vierge noire comme celle de Chartres.

Cette chapelle appartenait aux bourgeois de la ville ; et en 1412, pour être délivrés de la peste, ils firent vœu d'offrir tous les ans à Notre Dame une bougie de cire de la longueur du pourtour de l'enceinte fortifiée. Cette offrande était renouvelée à chaque fête de la Chandeleur, et n'a cessé de brûler depuis le 2 février 1412 jusqu'à la Révolution de 1793. Les réunions de la communauté de ville se tenaient dans les combles du Guéaudet ; et il est à noter qu'en 1743, M. Billy, maire de Quimper, faisait remarquer « que depuis assez longtemps les frais d'entretien de cette bougie étaient pris sur les revenus de la chapelle, ce qui ne convient guère, dit-il, car cela reviendrait à dire que la ville fait un don de cent écus à la Vierge, mais qu'il est entendu que c'est Notre Dame qui les paiera. » La municipalité se rendit à cette juste observation et désormais paya ces frais de ses deniers.

2° Les bourgeois de Saint-Pol-de-Léon avaient aussi leur église, Notre-Dame de Creisker, dont la légende fait remonter les origines jusqu'au temps de saint Guévroc. Mentionnée dès 1304 ; dans son état actuel elle date de la fin du XIV⁰ siècle et a dès lors servi à la municipalité pour ses réunions jusques vers le milieu du XVIIe siècle. Elle doit croyons-nous son nom de Creisker à sa situation sur l'une des sept paroisses du Minihy qui s'appelait crucifix de la ville, en breton *Croazker* ou *Christker*, en opposition avec une paroisse dite crucifix des champs (1).

3° A Morlaix, c'est Notre-Dame du Mur construite par nos Ducs à la fin du XIIIe siècle sur les fortifications de la ville comme pour en assurer la défense ; elle servit de chapelle à la communauté de ville, c'est là qu'elle se réunisait à l'occasion des fêtes religieuses et des réjouissances publiques, comme c'est là également, « sur le petron et *arbpere* de la chapelle » qu'elle délibérait des intérêts de la ville de Morlaix.

4° Quimperlé avait aussi son église municipale, Notre-Dame de l'Assomption, construite à vingt mètres de l'église paroissiale de Saint-Michel. Elle devait être très ancienne car des indulgences sont accordées par la cour d'Avignon en 1383, à ceux qui par leurs aumônes aideraient à sa reconstruction, cette chapelle servait de lieu de réunion pour les cérémonies religieuses officielles communes à toutes les paroisses de la ville.

5° Le Père Cyrille Le Pennec nous apprend que l'antique chapelle de Notre-Dame de la Fontaine-Blanche, après avoir appartenu aux Templiers, devint la chapelle des Bourgeois de la ville de Landerneau.

6° Nous pourrions enfin ranger parmi les chapelles de nos vieilles cités, Notre-Dame de Kernitron, datant du XIIe siècle, appartenant à la ville de Lanmeur, ancienne enclave du diocèse de Dol, et Notre-Dame de Liesse « gouvernée par les habitants de la ville de Saint-Renan ».

(1) Mais nous devons avouer que des actes du XIVe siècle traduisent en latin Creisker par *de medio villæ*, quoique de fait cette chapelle fut placée en dehors des murs ; peut-être, quoique cela paraisse peu vraisemblable, l'entendait-on moralement, prenant *milieu de la ville* comme signifiant le centre de l'administration municipale.

Sancta virgo virginum.

Ce titre caractérise bien le groupement important des monastères fondés dans le diocèse sous le patronage de la Vierge des vierges, d'autant plus que la diffusion des ordres religieux fut aussi une cause de propagation du culte de Notre-Dame, et c'est vers le XIVe siècle que commence à s'introduire l'usage de donner le nom de Marie comme nom de baptême.

1° Nous citerons en première ligne de ces monastères, Locmaria de Quimper, sanctuaire dédié très probablement à Notre Dame dès le temps de saint Corentin. Le monastère de ce nom existait du moins sous les Rois bretons dont la dynastie a pris fin au milieu du IXe siècle par la mort de saint Salomon. Au commencement du XIe siècle nous le voyons gouverné par un abbé et une abbesse, car le monastère comprenait deux clôtures selon la règle de Robert d'Arbrissel. Les abbé et abbesse furent remplacés au commencement du XIIe siècle par un prieur et une prieure, par suite de l'annexion de Locmaria à l'Abbaye de Saint-Sulpice de Rennes ; les religieux disparurent à la fin du XVIe siècle, mais les religieuses s'y maintinrent dans une grande ferveur jusqu'à leur expulsion en 1792. Il est à remarquer que ce fut le seul monastère de moniales pour le diocèse de Cornouaille jusqu'en 1620, le diocèse de Léon ne possédait également que celui des religieuses du couvent de Lesneven dépendant de Saint-Sulpice de Rennes, mais qui cessa d'exister, au commencement du XVIIIe siècle.

2° A Landévennec le monastère fut placé sous le patronage de son saint Fondateur; mais l'église construite pour le service religieux des populations voisines fut dédiée à Notre Dame.

3° L'abbaye de Quimperlé avait sa chapelle de Notre-Dame de l'Assomption, et celle de Notre-Dame du Reclus ou Notre-Dame de Bonne-Nouvelle, mentionnée au Cartulaire.

4° L'abbaye de Saint-Mathieu-fin-de-Terre, construite pour la conservation des reliques du saint Apôtre, fit édifier à la porte d'entrée du monastère, pour le service paroissial, une église qui subsiste encore sous le vocable de Notre-Dame-de-Grâces.

5° En 1132. Les Cisterciens s'établissent à Plounéour-Ménez ; et leur abbaye est dédiée à Notre Dame-du-Relecq.

6° En 1171, saint Maurice établit un couvent du même ordre à Clohars-Carnoët et met l'église sous le vocable de Notre Dame.

7° L'abbaye de Notre-Dame de Daoulas, dont la fondation remonte aux temps de Saint Pol-de-Léon, est donnée en 1171 aux chanoines réguliers de saint Augustin, qui la possèdent jusqu'à la fin du XVII° siècle.

8° En 1353 les Carmes obtiennent d'Innocent VI, l'autorisation de construire à Saint Pol-de-Léon un monastère pour douze religieux, c'est cette fervente communauté qui nous donna au XVII° siècle le père Cyrille Le Pennec, le pieux historien du culte de Marie dans le Léon.

9° A la fin du XIV° siècle, fondation d'un couvent du même ordre à Pont-l'Abbé.

10° Les Carmes s'établissent également à Brest au XVII° siècle, près l'hôpital Saint-Yves, et leur chapelle est actuellement l'église paroissiale de Notre-Dame du Carmel.

11° Les Carmes s'établirent enfin en 1664 à Saint-Hernin, puis à Carhaix en 1677, et ces différents centres religieux contribuèrent puissamment à développer la dévotion au scapulaire de Notre-Dame des Carmes.

12° Les Augustins s'établissent à Carhaix au XV° siècle, et dédient deux chapelles de leur église sous le vocable de Notre-Dame-du-Paradis et de Notre-Dame-de-Lorette.

13° A la fin du XV° siècle ce sont les Récollets de l'Ile Vierge, qui, chassés par la tempête, viennent fonder le couvent de Notre-Dame-des-Anges à Landéda.

14-15° Dans cette nomenclature nous ne devons pas oublier les deux maisons des Dominicains de Quimperlé et de Morlaix qui établirent dans le diocèse les confréries du Saint Rosaire. Dès 1550, les Jacobins de Morlaix possédaient une chapelle dite de Notre-Dame-du-Chapelet.

Pendant le XVII° siècle ce sont enfin presque toutes les communautés de femme qui se fondent en se mettant sous le patronage de Notre-Dame :

Les Carmélites de Morlaix en 1621-1624 à Notre-Dame des fontaines.

Les Ursulines de Quimper.   1621
　　　—　　　de Saint-Pol-de-Léon. . . .   1629
　　　—　　　de Morlaix.   1638
　　　—　　　de Landerneau.   1651
　　　—　　　de Quimperlé.   1652
　　　—　　　de Lesneven peu après. . .   1678

Les Cisterciennes à Quimper, à Notre-Dame de Kerlot.

Enfin les Bénédictines du Calvaire, établies à Morlaix en 1626, à Quimper en 1634. Et, dans cette dernière ville, les Religieuses Augustines de Notre-Dame de la Miséricorde préposées au service de l'hôpital de Quimper en 1645.

Ce glorieux titre de *Sancta Virgo Virginum* se trouve donc bien justifié dans le diocèse de Quimper et de Léon.

Sancta Maria.

Groupons sous ce vocable les églises et chapelles portant le nom de Marie :

Locmaria de Quimper.
Locmaria Berrien.
Locmaria Plouzané.
Locmaria Lanvennec, à Plabennec.
Locmaria Ian, en Plabennec.
Locmaria an Ilent, à Saint-Yvi.
Sainte-Marie du Menez-Hom, à Plomodiern

Gars Maria : Pleyben
Locmaria de la Véronique, dans le lieu dit : *Breuriez-Locmaria*, en Bannalec.
Locmaria en Plonéour-Ménez.
Locmaria de Kergournadec, en Cléder.

Mater Christi.

Notons ici les sanctuaires élevés spécialement en l'honneur de la Mère du Dieu fait homme, et rappelant le mystère de l'Incarnation accompli dans la maison de Lorette. Plusieurs chapelles sont sous ce vocable. La plus célèbre et peut-être la plus ancienne, car sa fondation doit remonter au commencement du XIV° siècle, est celle de « *Ti Mam Doué* », en Kerfeunteun; elle a ceci de particulier qu'elle est construite à côté d'un édifice de modeste apparence offrant à peu près le même aspect que la « Santa Casa », et présentant plutôt la forme d'une maison d'habitation que d'un édifice religieux, justifiant ainsi son titre de *Chapelle de la Maison de la Mère de Dieu*.

D'autres chapelles portant le nom de Notre-Dame de Lorette se voient encore à Elliant, Bannalec, Gouesnou, Lanriec, Piogonnec, Plouguerneau, Redené et Saint-Pol-de-Léon.

Mater Salvatoris

Les Bretons ont toujours aimé à associer Notre-Dame à l'œuvre de la Rédemption. Aussi se sont-ils plu à multiplier les images la représentant avec le corps inanimé de son divin fils sur les genoux, c'est dans cette pensée qu'ils ont élevés plusieurs sanctuaires sous le vocable de Notre-Dame de Pitié, à Milizac, Plougasnou, Coatméal, Carantec, Garlan, Poullaouen, Plouguin, Plourin Léon, Le Trévoux, et Notre-Dame de Kergoat en Quéménéven.

Nous citerons également Notre-Dame de Croaziou à Loctudy, à Kerlouan ; et Notre-Dame de la Croix à Loqueffret.

Mater divinæ gratiæ

Sous ce titre, Notre Dame est particulièrement honorée, à Pluguffan, à Plonéis, à Suchiniou de Ploujean, à l'hôpital de Carhaix tenu avant la Révolution par les hospitalières de Saint-Augustin, à Kersaint-Plabennec, à Plougonvelin dans la chapelle voisine de l'abbaye Saint-Mathieu, et à Bohars.

Salus infirmorum.

La Sainte Vierge n'est pas seulement mère de la divine grâce dans l'ordre surnaturel, mais elle s'intéresse aussi à nos misères corporelles et s'empresse de les soulager, le plus souvent par l'entremise de cet élément à la portée de tous et que Notre-Seigneur a choisi comme matière du sacrement de notre régénération. De là ces fontaines saintes qui avoisinent les sanctuaires de Marie, source de tout remède pour nos infirmités.

De là les vocables de Notre-Dame de la Fontaine ou des Fontaines : à Guisseny Notre-Dame de Penfeunteun, aux Carmélites de Morlaix, à Gouézec, à Daoulas ; Notre-Dame de la Fontaine-Blanche à Landerneau et à Plougastel-Daoulas ; Notre-Dame de la Clarté, invoquée pour guérir les maux d'yeux à Combrit, Guilligomarch, Plonevez Porzay, Beuzec Cap-Sizun, Querrien, Kernouez.

Consolatrix afflictorum.

Notre-Dame est invoquée en cette qualité, à Notre-Dame de Confort à Meylars, dans l'ancienne chapelle de Confort *(inter duo ossaria)* au cimetière de Saint-Pierre à Saint-Pol-de-Léon, et dans l'église de Baye sous l'appellation de *Itroun Varia an nerz.*

Notre-Dame de Consolation au Roual en Lannilis.

Causa nostræ lætitiæ.

Notre-Dame de la Joie ou des Joies a des sanctuaires renommés à Penmarch et à Guimaec ; Notre-Dame de Liesse à Saint-Renan.

Janua cœli.

La sainte Vierge ouvrant les portes du ciel est honorée sous ce vocable dans la chapelle de Notre-Dame des Cieux au Huelgoat, dans les chapelles dites Notre-Dame du Paradis, dans le cimetière de Poullaouen, et à l'entrée de l'ancien cimetière de Saint-Mathieu de Quimper, au seuil des églises ; d'où leur nom de Notre-Dame du Paradis ou du Parvis.

C'est dans cette même pensée pieuse que nous trouvons dans les cimetières de Brest, d'Irvillac, de Landerneau, de Plouguerneau, des chapelles dédiées à Notre-Dame de Délivrance, comme pour marquer qu'on compte sur sa protection pour franchir le seuil de l'éternité bienheureuse.

Vas insigne devotionis.

On pourrait grouper sous ce titre tous les sanctuaires de Marie qui n'auraient pas trouvé d'autre place dans notre classification ; mais il convient tout d'abord aux chapelles dites de Notre-Dame de Kerdevot comme celles de Saint-Jean-Trolimon qui, croyons-nous, n'existe plus, et d'Ergué-Gabéric dont le pardon est si renommé. Mais il convient aussi à ces chapelles de Notre-Dame qui sont un grand centre de dévotion : Rumengol, le Folgoat et les différents sanctuaires de ce nom à Plabennec, à Bannalec, Landévennec, Plonéour-Lanvern et Locunolé, puis Notre-Dame de Lambader en Plouvorn, Notre-Dame de Trezien en Plouarzel, de Treminou en Plomeur, de Tronoan en Saint-Jean-Trolimon, de Brennilis, de Quilinen en Landrévarzec, de Lanriot en Moëlan, du Cran en Spezet, de Notre-Dame-du-Juch, Notre-Dame de Kerluhan à Châteaulin, Notre-Dame de Populo à Landudal et de Rocamadour à Camaret-sur-Mer ; Notre-Dame de Kerellon à Plouénan, Notre-Dame du Run à Guipavas.

Refugium peccatorum.

Rangeons sous ce titre les différentes chapelles de Notre-Dame du Péniti ou de Pénitence, à Quimper, où elle a existé au milieu des allées de Locmaria jusqu'en 1812.

Notre-Dame-du-Penity à la Forêt-Fouesnant, à Plouzévédé,
à Locronan, à l'Ile de Batz où elle a disparu sous les sables.

Regina Martyrum.

Dans un Mémoire de 1633, les fabriques de l'église de
Notre-Dame de la Martyre déclarent « que leur église a été
bâtie des plus anciens temps, c'est-à-dire de celui des in-
cursions et des ravages que les anciens Danois et Normands
ont exercés dans les sixième, septième et huitième siècles en
plusieurs endroits de cette province, ils firent un grand mas-
sacre des habitants du pays, dans la lande où fut, tôt après,
construite la dite chapelle sous l'invocation de la Sainte
Vierge, mais appelée du nom de la Martyre, parce que ce fut
dans le même endroit où arriva le carnage de ces chrétiens
que fut bâtie cette chapelle pour prier Dieu pour l'âme de
ces pauvres martyrs ».

C'est pour la même raison que s'éleva la chapelle de Notre-
Dame du Relecq en Guipavas, et le monastère de Notre-Dame
du Relecq ou de *Reliquiis* dans la paroisse de Plonéour-Menez.

Regina Sacratissimi Rosarii.

Sous ce vocable se groupent naturellement toutes les chapelles du Saint Rosaire.

Regina Angelorum.

A Landeda, couvent des Récollets.
A la Roche, en Saint-Thois.
A Landerneau.

Auxilium Christianorum.

A ce titre se rattachent les nombreuses chapelles de Notre-
Dame de Bonsecours, à Kergloff, Landunvez, le collège de
Quimper, Lampaul Guimilliau.

De Notre-Dame de Guir-Sicour, à Saint-Thégonnec, aux Ursulines de Saint-Pol, à Guernilis en Pleyben.

Notre-Dame de Bonne-Nouvelle à Quillidoare de Cast,

l'hôpital Camfrout, Ploneour Lanvern, Locronan, Argol, Lambezellec (Kérinou), Lannilis, Saint-Pol-de-Léon, Plounevez Lochrist, Melgven, Redené (le reclus).

Notre-Dame de Recouvrance à Brest.

Notre-Dame de Bon-Voyage, à Plogoff et au passage de Plougastel-Daoulas.

Notre-Dame de Trogoal ou qui préserve du mal, à Clohars-Carnoët; Notre-Dame Auxiliatrice au Conquet, maison de dom Michel.

Tel est l'essai de classement que nous avons tenté pour les sanctuaires dont le vocable est spécifié d'après les grâces particulières qu'on y demande à Marie. Les autres trouveront leur place dans la liste complète des chapelles de Notre-Dame.

II

LA VIE DE NOTRE-DAME
AU DIOCÉSE DE QUIMPER ET DE LÉON

La vie est dans le mouvement; raconter la vie de la Sainte Vierge, c'est donc dire tous les mouvements de son cœur vers nous et toutes les faveurs dont elle nous a comblés : mais comment les connaître ? Si nous ne pouvons le plus souvent en spécifier la nature, il nous est permis d'en affirmer sans crainte l'existence, car il n'y a pas d'effet sans cause. Lorsque nous remarquons un *ex-voto* dans un sanctuaire de Marie, sans savoir le détail de la faveur accordée, nous pouvons affirmer l'intervention miséricordieuse de Notre-Dame ; de même les nombreux sanctuaires que nous voyons élevés dens notre pays en l'honneur de la Vierge sont de vrais *ex-votos* et des monuments irrécusables de notre reconnaissance pour ses bienfaits.

Cette intervention de Marie en notre faveur est donc contemporaine de la fondation de nos paroisses par les saints Pontifes qui ont évangélisé notre pays.

Si saint Corentin consacre son église de Quimper à Notre-Dame, c'est qu'il était « grandement dévot à la Vierge, qu'il voyait *tous les jours à midi* », c'est ce qui est raconté en 1642 à la voyante Catherine Daniélou, par un de ses consolateurs célestes, par saint Joseph très probablement, qui ajoutait que saint Corentin avait désiré d'être à l'agonie un vendredi et de mourir le samedi, que Notre-Seigneur lui apparut en ce dernier combat, que les anges chantèrent à son trépas, et que la Sainte Vierge le fit reposer entre ses bras lui disant : « Courage, mon fils Corentin, mon divin enfant vous donnera bientôt contentement. — Douce Vierge, repartit le saint Pasteur, je vous recommande mes brebis, servez leur de mère. » Et en même temps il rendit l'esprit entre les mains de la Vierge.

Saint Paul de Léon, lui aussi, met tout son peuple sous la protection de Marie en dédiant sa cathédrale à Notre-Dame de Cahel.

Saint Jaoua lui consacre également sa paroisse de Brasparts, et le monastère de Daoulas en expiation du meurtre des saints abbés Judulus et Tadec.

A Notre-Dame du Rhun, en Guipavas, saint Thudon bâtit un oratoire à Notre Dame pour empêcher le culte païen rendu à une fontaine.

De même à Rumengol le culte de Marie remplaça des pratiques superstitieuses rendues à une pierre druidique.

A Callot, la Sainte Vierge intervenait pour arrêter l'invasion des Danois.

« Saint Guevroc, allant par la ville d'Occismor, un jour de feste de Notre-Dame, vit une jeune lingère qui travaillait à sa porte ; le saint la reprit de ce qu'elle ne chômait pas la feste, mais n'ayant tenu compte de ses observations elle fut prise d'une paralysie dont elle ne fut guérie qu'en demandant pardon à Dieu et à saint Guevroc auquel elle donna sa maison, qui, convertie en oratoire dédié à Notre-Dame, est devenue la chapelle du Creisker à Saint-Pol-de-Léon. » (A. Le Grand).

Du XI⁰ au XIII⁰ siècle le culte de Marie prend un nouvel

essor par la fondation des monastères qui la prennent pour patronne de leur vie religieuse.

Le XIV⁰ et le XV⁰ siècle sont surtout remplis de l'étonnant prodige de Salaün, et du courant de dévotion qui conduit les pèlerins à Notre-Dame du Folgoat.

Mais c'est principalement à la fin du XVI⁰ siècle et pendant le siècle suivant, qu'abondent les documents constatant la puissante et fréquente intervention de Notre-Dame.

Le Père Cyrille Le Pennec nous dit qu'en 1598 le saint évêque Rolland de Neufville, évêque de Léon très dévot à Marie Immaculée, ordonna plusieurs processions générales au Folgoat, et obtint par l'intercession de Notre Dame la cessation de la peste dans le Minihy de Léon, et la grâce de voir son diocèse préservé do la contagion de l'hérésie protestante.

L'an 1609, nous dit Albert le Grand, « la grosse tour du château du Taureau, située à l'entrée du hàvre de Morlaix, croula dessus le roc sur lequel elle estoit bastie ; et la sentinelle disant actuellement son rosaire tomba, et fut couverte des ruines, en telle façon toutefois qu'elles se formèrent en guise d'un petit dôme tout à l'entour de luy, laissant un trou au haut pour lui servir de soupirail. Ayant esté longtemps en cet antre, il advint qu'un des dogues du chasteau allant parmy ces ruines mit le museau à ce trou et sentant cet homme se mit à jasper et gratter la terre de ses pattes ; ce que voyant les soldats, ils crurent que c'était le corps de ce pauvre homme qu'il avait trouvé, et estans allé voir que c'estait, ils l'entendirent se plaindre et ayant osté plusieurs charretées de pierre de dessus luy, ils le trouvèrent en ceste grotte miraculeuse le chapelet en main remerciant Dieu et Notre-Dame du Rosaire ».

L'an 1628, dit le même auteur, le sacriste de Notre-Dame du Mur à Morlaix « s'estant présenté à la fenestre de la tour où demeurent les sacristes de cette église, tomba sur le bord du fossé de la rivière Kefleut, à vue de la poterne du Spernen, sans avoir aucun membre rompu et démis, mais seulement le corps meurtri de la chute qui fut au moins de vingt pieds de haut, préservation miraculeuse, qu'à bon droit tout le monde attribua à la protection de la Maîtresse qu'il servait, dévotement honorée dans cette église. »

✝

Ce qui prouva surtout ce grand mouvement de renaissance religieuse qui caractérise dans notre pays le XVI⁰ siècle, ce fut l'œuvre des *Missions* : or, nous allons voir la Sainte Vierge prendre comme la direction de cette œuvre merveilleusement féconde et justifier son titre de mère de la divine grâce.

C'est elle qui forme les missionnaires et se charge pour ainsi dire de leur éducation.

MICHEL LE NOBLETZ n'avait que quatre ans encore, et déjà, nous dit son biographe(1), « on le trouvait d'ordinaire dans l'église de Saint-Claude proche de Kerodern(2) ; ce qui donnait occasion à sa mère de craindre que cet enfant ne tombât dans un vivier près lequel il fallait passer pour arriver à l'oratoire. Encore qu'il eût été averti plusieurs fois de n'aller à l'église, et menacé souvent, il ne manquait d'y aller et disait pour excuse en son langage breton, « *me zo bet e ti Doué* », et qu'une demoiselle le conduisait par la main et lui apprenait à prier Dieu. Sa mère, pour l'empêcher de sortir, l'enferma un jour à clef dans une chambre ; cependant quelque temps après elle fut grandement surprise, le trouvant au milieu de l'église le visage enflammé de dévotion, avec un port et un maintien angélique. et lui ayant demandé qui l'avait emmené en ce lieu, il répondit qu'une belle demoiselle lui avait ouvert la porte de la chambre et l'avait conduit en ce lieu, lui avait fait dire ses prières et parlé de Dieu. Sa mère insista lui demandant qui était cette demoiselle , d'où elle venait? Lui répondait : « Je n'en sais rien, mais elle est fort

---

(1) Le Père MAUNOIR : *vie manuscrite*, que nous citerons de préférence.
(2) Manoir de la famille Le Nobletz en Plouguerneau.

belle. Sa mère tança la servante, pensant qu'elle avait trouvé invention pour le faire sortir de la chambre, mais cette fille fit serment que jamais la pensée ne lui en était venue. La suite fera voir que dès lors la reine des Anges avait pris possession de cet enfant, à qui elle imprima les premières connaissances de Dieu et les premiers traits de la piété qui lui dura tout le reste de sa vie. »

C'est auprès de Notre-Dame du Folgoat qu'il passe sa première jeunesse. A l'âge de 7 ans il demeure chez son grand-père de Lesguern en Saint-Frégant ; à 13 et 14 ans, il est écolier du bon prêtre Alain Le Guen à Ploudaniel. Ce voisinage avec Notre-Dame du Folgoat ne manqua pas d'influer grandement pour son avancement dans la vertu, comme le remarque le Père Maunoir.

En 1597, dom Michel est à Bordeaux avec son frère aîné pour faire son droit. Les étudiants s'étaient groupés par nation, chaque groupe ayant à sa tête l'un d'entre eux chargé de prendre la défense de ses compatriotes, qu'ils nommaient « prieur ».

Le frère de dom Michel, élu prieur, se trouvant en péril dans une rixe, d'être percé par un adversaire, appela dom Michel à son aide, et celui-ci dégainant son épée en voulut frapper l'agresseur, mais à ce moment une demoiselle habillée de blanc « rompit le coup et disparut à l'instant, et personne n'eut le bonheur de la voir que lui ». Mais étant échappé à ce danger, il rendit grâce à la Mère de miséricorde qui l'avait choisi dès son enfance pour son serviteur.

Peu après, dom Michel fut nommé lui-même prieur des Bretons à cause de son courage et de sa valeur; et, dès lors, était obligé d'épouser les querelles des compagnons. Un soir qu'il allait se rendre à une réunion de ses compatriotes, il entendit une voix qui lui cria : « Arrête! arrête! »

Pensant qu'on l'attaquait, il se mit en garde; mais cette fois il fallut se rendre; la sainte Vierge apparut à ce prédestiné soldat de Jésus Christ, et lui dit : « Suivez Dieu et venez après mon fils par humilité, simplicité et mépris du monde. » Il se jeta aux pieds de la Reine des Cieux, lui remit son épée avec protestation de la reconnaître le reste de sa vie pour sa maîtresse, et de combattre le reste de sa vie sous l'étendard de son divin Fils. »

Pour s'affermir dans cette résolution, dom Michel quitta Bordeaux pour suivre les cours de philosophie et de théologie chez les Pères Jésuites à Agen. C'est là que, sous le coup d'une calomnie et ne sachant comment confondre les calomniateurs, il eut recours à Marie ; cette bonne mère fut tellement touchée de sa tendre confiance que pour « le consoler elle se présenta à lui avec un visage riant lui disant en breton : « *Michelic, va gouelit ket, neb aon, ma map o liouallo a me a sicouro*, ne pleure pas, mon petit Michel, sois sans crainte, mon Fils te défendra et moi-même irai à ton secours ». Incontinent que cette visite fut passée, il monta dans l'oratoire particulier qu'il s'était réservé au haut de la maison, afin de remercier la mère d'amour et de consolation, celle-ci s'apparut de rechef à ce dévot écolier et lui présenta trois couronnes lui disant : « Voilà trois couronnes que j'ai demandées et obtenues de mon Fils pour vous, la première est de virginité que vous garderez inviolablement jusqu'à la mort, l'autre est celle de docteur et maître spirituel, mon Fils vous fera la grâce d'enseigner à plusieurs la doctrine qu'il a prêchée ici-bas, la troisième est celle du mépris du monde que vous professerez à l'état de prêtre séculier. »

C'est ainsi que Notre Dame se fit l'institutrice de celui que l'on considère comme l'initiateur des missions bretonnes, comme elle fut son guide plus tard pour lui signaler la ville de Douarnenez comme son champ spécial d'action apostolique, lorsque, près de Notre-Dame de Confort en Meylars, la Sainte Vierge lui montra le clocher de Ploaré.

Marie intervint d'une manière non moins remarquable dans la formation du vénérable Père Maunoir qui se glorifiait de reconnaître en Michel Le Nobletz son père et son modèle dans l'œuvre des missions, œuvre à laquelle il donna une organisation définitive et encore en usage.

« Au mois de novembre 1630 (1), un soir, dom Michel, qui était alors à Douarnenez, songeant à l'état déplorable dans lequel était la Basse-Bretagne au point de vue de l'instruction religieuse, tomba à genoux et adressa à Dieu cette prière : « Souvenez-vous, mon Dieu, de la promesse que vous me fîtes à Landerneau, il y a dix-sept ans (1613), de me donner un héritier de votre Compagnie pour enseigner avec moi et après moi ces dernières contrées du monde qui croupissent depuis plusieurs années dans les ténèbres de la mort. Envoyez au plus tôt celui que votre Providence a destiné pour annoncer de votre part les sentiers de vos divins commandements. Mère d'amour et de miséricorde qui me guidez dans mes desseins et me servez d'avocate dans mes prières, présentez ma requête à votre fils et le priez qu'il exauce mes vœux. »

Dès qu'il eut achevé sa prière, une voix lui dit : « Allez à Quimper au collège des Pères de la Compagnie de Jésus, et vous y verrez celui que Dieu vous donne pour votre fils et votre héritier dans les missions, il est le plus jeune de tous. »

A ce moment le Père Maunoir professait la cinquième, il avait 26 ans, mais n'était pas encore prêtre. Dom Michel n'eut pas de peine à le reconnaître, et sans lui parler des desseins de Dieu sur lui, il se contenta de faire allusion à la vocation de saint André et de saint Pierre. Le Père Maunoir ayant parlé de cette entrevue au Père Bernard, celui-ci y vit un avis de répondre avec promptitude à cette vocation lorsqu'il serait appelé à évangéliser la Bretagne, mais pour cela il fallait apprendre la langue bretonne.

Quelques jours après, le jeune professeur était aux pieds de Notre-Dame dans la chapelle de la « Maison de la Mère de Dieu *Ti Mam Doué* » près Quimper, et lui adressait cette prière : « Ma bonne maîtresse, si vous daigniez m'apprendre

(1) Vie manuscrite.

vous-même le breton, je le saurais avant peu et je serais bientôt en état de vous gagner des serviteurs. »

De retour au collège, tous ses collègues, à l'exception du Père Bernard, voulurent le dissuader d'une telle entreprise, tant à cause de la difficulté de la langue, qu'à raison du temps qu'il faudrait dérober aux devoirs de sa profession.

Ce ne fut que six mois plus tard, en avril 1631, qu'il en demanda l'autorisation au Père Provincial; la permission lui étant parvenue le jour de la Pentecôte; il se mit immédiatement à l'étude, « et le mardi suivant, écrit lui-même le Père Maunoir, je pus faire le catéchisme en breton; six semaines après je commençais à prêcher sans avoir besoin d'écrire un seul mot, grâce que Dieu m'a conservée jusqu'à ce jour » (1672).

Mais ce ne fut que dix ans plus tard que le Père put utiliser sa science de la langue bretonne, car, ayant été éloigné de Quimper, il n'y revint qu'en 1641.

Les missionnaires, grâce à Marie, étaient trouvés, instruits et formés par elle. Mais pour assurer le succès d'une mission il ne faut pas seulement le zèle de pieux prédicateurs pour éclairer les intelligences et remuer les cœurs, il faut aussi le concours d'âmes ferventes qui prient, d'âmes généreuses s'offrant en victimes d'expiation pour obtenir le pardon et la conversion des pécheurs. La Sainte Vierge ne néglige pas ce moyen puissant, et sait susciter cet apostolat si fructueux de la prière et de la pénitence.

Comme types et modèles de ces âmes privilégiées, nous citerons, Yves le Goff, Amice Picard et Catherine Daniélou.

Yves Le Goff était un bon paysan de la paroisse de Cast, marié et père de plusieurs enfants. Or voici ce qu'il raconta au Père Maunoir à la mission de 1656 à Plonéour-Lanvern.

Un jour de l'Assomption, fête patronale de Notre-Dame de Kergoat en Quéménéven, s'en retournant à Cast, il vit apparaître une Dame jeune encore, qui tenait à la main une croix

rouge. Saisi de surprise, le pain qu'il portait à la bouche tomba à terre ; et le reste de la journée il ne put prendre aucune nourriture. Cette apparition se renouvela ; et ayant prié Notre-Dame de Quillidoaré (Chapelle de Cast) de lui expliquer ce que signifiait cette vision, le jour de l'Immaculée-Conception la même Dame lui apparut et lui dit : « Voulez-vous bien secourir vos frères ? » — « Mes frères ? répondit-il, je n'ai qu'un frère et une sœur, et ils ne manquent de rien ». — « Vous êtes pêcheur, ajouta-t-elle, et tous les pêcheurs sont vos frères ; ne seriez-vous pas heureux de leur venir en aide ? » Et comme il se demandait « Qui donc me parle ainsi ? » la Dame, faisant écho à sa pensée, répondit : « Je suis la Mère de Dieu que vous invoquez fidèlement. Mon Fils est irrité contre les pêcheurs ; ne sauriez-vous les exhorter à la pénitence ; je vous ai choisi dans ce dessein. »
— « Mon Dieu, s'écria Yves le Goff, je dévoue à votre service et mon corps et mon âme ; pour votre amour je suis prêt à tout faire, à tout souffrir. »

« La sainte Vierge me déclara aussitôt (comme il le confia au Père Maunoir), qu'il n'y aurait plus de joie pour moi sur la terre ; elle me donna l'ordre, pour obtenir la conversion des pêcheurs, de communier tous les dimanches et jours de fête, ainsi que le lundi et le vendredi de chaque semaine. Je devais en outre jeûner tous les vendredis, sans prendre d'autre nourriture que la Sainte Eucharistie.

« Ces communions si fréquentes, ce jeûne du vendredi, me causaient quelque peine, je ne pus m'empêcher de le lui avouer ; mais après qu'elle m'eût fait voir les joies du paradis et les peines de l'enfer, toutes mes répugnances cessèrent, rien ne devait plus me coûter désormais.

« J'accomplissais donc fidèlement ce qu'elle m'avait prescrit, lorsque, le mercredi de la Sexagésime 1641, elle me demanda, afin d'attirer plus efficacement la miséricorde de Dieu sur les pêcheurs, de jeûner quinze carêmes sans boire ni manger, excepté le dimanche ; encore devais-je avoir entendu trois messes ce jour-là avant de prendre aucune nourriture. La Sainte Vierge m'assurait au reste, qu'avec la grâce de Dieu, ce jeûne me deviendrait possible et me serait d'un grand mérite. « Quand la faim ou la soif vous presseront davantage, ajouta-t-elle, invoquez Notre-Seigneur, invoquez-moi ; votre peine ne diminuera pas, mais vos forces augmenteront. »

« J'ai jeûné de la sorte onze carêmes, présentement, j'en suis au douzième ; je ne m'en porte que mieux ; pendant ces onze années je n'ai pas perdu une heure de sommeil ; mes souffrances sont même peu de chose, j'en excepte le vendredi ; ce jour-là, Notre-Seigneur me fait vraiment participer à sa passion : j'endure une faim et une soif extrême. Alors je redouble de prières et j'y trouve de nouvelles forces. »

Yves Le Goff avait près de 60 ans lorsqu'il raconta sa vie au Père Maunoir en 1656 ; il jeûna encore trois carêmes entiers et mourut à Cast vers 1659 en odeur de sainteté.

Une autre sainte âme, qui endura des souffrances extraordinaires pour le salut des pécheurs, fut MARIE-AMICE PICART, née en 1599 dans un petit village de la paroisse de Guiclan en Léon.

Son chemin du Calvaire commença le soir du 19 mai 1634 par l'assaut que lui livra un suppôt du démon, au moment où elle revenait du pardon de Notre-Dame de Lambader.

Ce forcené avait déjà tiré son couteau pour lui en percer le cœur, lorsqu'il tomba terrassé ; il venait de voir près d'Amice deux personnages rayonnant d'une splendeur incomparable, un vieillard et une dame d'une éclatante beauté. — « Qui sont ceux-là qui te défendent de moi ? » s'écria le malfaiteur revenu de son premier saisissement. — « C'est la sainte Vierge, répondit Amice, et saint Jean l'Évangéliste. »

Cette lutte affreuse qui avait duré toute la nuit ne se termina que le matin ; au son de l'*Angelus*, le meurtrier tomba comme mort et Amice put s'échapper.

Cette intervention de Notre-Dame ne tendait qu'à préparer cette sainte fille à de plus cruelles souffrances.

— 28 —

Le vendredi après le jour de saint Marc 1635, Marie-Amice étant à Saint-Pol, « un vénérable ecclésiastique (1) s'apparut à elle tenant en main un crucifix qui jetait une grande quantité de sang, et elle entendit une voix qui disait que les péchés causaient à Notre-Seigneur ces tourments, et que toutes les peines des Martyrs ne pouvaient égaler la moindre de celles que Notre Seigneur avait endurée pour eux. La nuit suivante, la sainte Vierge se présenta, portant l'Enfant Jésus, et accompagnée de ce même ecclésiastique ; et tous deux l'exhortèrent à la souffrance pour l'amour de Jésus Christ. Le 7 août de la même année, Dieu fit voir à Amice un abîme sans fond au milieu de la terre, roulant un torrent de feu dans lequel tombaient les âmes réprouvées, pour la porter à offrir les peines qu'elle endurerait le reste de ses jours, pour la conversion des pécheurs.

On sait comment elle fut fidèle à cette vocation aussi extraordinaire que douloureuse.

Le Père Maunoir a écrit tout un volume dont quelques extraits seulement ont été publiés, pour raconter comment pendant les années qu'elle passa à Saint-Pol, de 1635 au 25 décembre 1652 jour de sa mort, elle souffrit dans son corps et dans son âme les plus cruels tourments, endurant tous les jours des souffrances analogues à celles des saints martyrs dont on célébrait ce jour-là la mort, si bien que le Père Maunoir l'appelle « un martyrologe vivant » : c'est assez dire de combien de mérites elle dut enrichir le trésor de grâces où puisèrent les missionnaires du XVIIe siècle pour assurer le succès de leur œuvre.

Parmi les saintes âmes que Marie s'est plu tout spécialement à former à cet apostolat de la souffrance, il faut citer encore CATHERINE DANIÉLOU, cette voyante extraordinaire dont le Père Maunoir nous a laissé l'histoire dans un manuscrit de près de 800 pages, qui bien probablement ne sera

(1) Vie manuscrite par le V. P. Maunoir.

jamais publié intégralement ; mais l'extrait de 200 pages qui a été dernièrement imprimé nous permet de dire que cette vie n'est en quelque sorte que le récit du commerce familier de Notre Dame avec cette petite Bretonne qu'elle dirige et conduit comme par la main du berceau à la tombe.

Dès l'âge de cinq à six ans, elle avait un grand goût pour la prière ; mais sa mère qui éprouvait pour elle comme une aversion diabolique, ne voulait pas les lui faire apprendre, tout en les faisant réciter par ses autres enfants. Catherine était réduite à apprendre son *Pater* en entendant les prêtres le réciter à la messe, mais elle n'en retenait que les premiers mots, *Pater noster*. De même pour la Salutation angélique qu'elle récitait en latin comme le font généralement les Bretons. « *Pater noster..., ne oun quen* (1). *Ave Maria..., ne oun quen* », répétait-elle, comme le pauvre Salaün, particulièrement lorsqu'elle passait par l'ancienne porte de ville, dite de la *Tourbihan*, laquelle était surmontée d'une statue en pierre de la Sainte Vierge.

Comme sa mère la chassait souvent de la maison, même la nuit, c'est dans un trou de la muraille près de cette image que la petite Catherine allait se réfugier. S'étant mise un jour à pleurer, en répétant son *Ave Maria*, une voix qui semblait venir de l'image de la Madone, lui dit : « Prends courage, Catherine, mets ta confiance en Marie, et Dieu t'assistera. » L'enfant, étonnée, s'écria : « Mais qui êtes-vous qui me parlez de la sorte ? » — « Je suis Marie, mère de Dieu, que tu salues tous les jours. » — « Vous! dit Catherine, mais vous êtes en pierre ! » — « Oh! je ne suis pas en pierre pour tout le monde, reprend la Sainte Vierge ; je suis comme on me fait; je suis douce et tendre aux bonnes âmes, mais je suis aussi une pierre dure à ceux qui ne veulent pas quitter leurs péchés, je n'ai point d'yeux pour les regarder, point d'oreilles pour les entendre. » — Puis Notre Dame engagea Catherine à prendre saint Corentin pour père et protecteur.

(1) « *Je n'en sais pas davantage.* »

Et la petite étant allée à la cathédrale, ce fut la Sainte Vierge qui lui indiqua où était l'image de ce saint, lui recommandant de se mettre sous sa protection.

Vers cette époque Catherine, quoique maltraitée journellement par sa mère et son beau-père, qui essayèrent même de la tuer, songeait pourtant à se mortifier. « Puisque je ne sais pas convenablement mes prières, disait-elle, il faut que je fasse pénitence. » Et pendant les grands froids elle se plongeait dans l'eau froide, et revenait à la maison, les vêtements tout mouillés, et sa mère redoublait les mauvais traitements.

Ne pouvant souvent, le soir, rentrer à la maison, elle faisait en sorte de se faufiler dans les églises pour y passer la nuit. S'étant cachée une fois dans la chapelle provisoire des Pères Jésuites qui venaient de s'établir à Quimper, elle s'endormit; mais, vers trois heures du matin, elle vit près d'elle une belle demoiselle qui lui prenant la main dit : « Sortons d'ici, mon enfant, car si le Frère Dirou nous trouve ici, il nous battra. Voici une clef qui ouvre toutes les portes, allons à Saint-Corentin. » A la cathédrale elle trouvait saint Corentin qui l'instruisait, et Notre Dame qui l'exhortait à « endurer », lui prédisant que toute sa vie serait une vie de souffrances physiques et morales.

A la suite de ses parents Catherine est obligée de se retirer au Port-Louis, puis à Hennebont. La Sainte Vierge continue à veiller sur elle. Voici un exemple entre autres de cette extraordinaire protection.

A Hennebont Catherine est au service d'une honnête demoiselle; mais dans la même maison loge un gentilhomme qui s'éprend d'une violente passion pour la jeune servante; sachant l'heure où elle se rend à la fontaine près la ville sur la route de Landévant, il ordonne à son valet de l'enlever de force, de la mettre sur son cheval et de la lui conduire sur la route, où il avait déjà pris les devants. Le valet exécute ces ordres, mais il n'avait pas parcouru une centaine de pas, qu'apparaît une Dame qui lui crie : « Arrête au nom de Jésus ! » Le misérable enfonce les éperons dans le ventre du cheval, mais inutilement — « A l'aide ! mes amis, à l'aide ! » crie la Dame, et aussitôt sort d'un champ voisin un cavalier qui tirant son épée en donna trois coups sur le dos du ravisseur : — « Va misérable, dit le cavalier, si ce n'est la dévotion que tu as pour un Saint, je te passerais mon épée dans le corps ; porte ce mot de lettre à ton maître, qu'il n'attaque jamais une innocente ». Le valet rendit la liberté à Catherine ; et la Dame la prenant entre les bras la reconduisit jusqu'à la fontaine en lui recommandant de remercier Dieu, Notre Dame et saint Michel de cette heureuse délivrance.

Après des tribulations de toutes sortes, Catherine revenue à Quimper est assistée d'une manière merveilleuse par saint Corentin qui lui apparaissait comme un prélat vénérable, portant au cou une croix d'or, ou quelquefois revêtu des habits pontificaux. Or le 12 décembre 1642, Catherine étant à la porte de la cathédrale dès 3 h. du matin, la porte se trouva ouverte, et s'étant présentée à l'autel de Notre-Dame de Bulat, elle y trouva son « père consolateur » vêtu plus magnifiquement qu'à l'ordinaire ; « il avait une mitre très riche sur la tête, une crosse d'or, des gants rouges et une chape ; son visage était rayonnant d'une joie céleste ; devant lui se tenait une Dame d'un visage plein de douceur et d'une majesté surhumaine ; ses cheveux d'un blond doré était couverts d'un crêpe noir, la robe était blanche ; elle portait un chapelet à la ceinture et avait une jupe couleur de pêche qui lui couvrait les pieds, ses sourcils étaient comme deux fils d'or, ses lèvres vermeilles et ses joues roses et blanches. Catherine s'étant mise à genoux, son consolateur lui dit : « J'ai pris aujourd'hui les ornements de M. de Cornouaille, me reconnais-tu bien cependant ? » — « Comment ne vous reconnaîtrais-je pas, vous qui m'avez fait tant de bien ! » — « Voici, poursuivit-il, la Dame qui t'avait donné autrefois une chemise devant l'autel de Notre-Dame de la Victoire ; étant venue le jour de la fête de saint Corentin elle a désiré te voir. » — Oui, ma fille, dit aussitôt la Dame, étant venue au pardon de saint Corentin, j'ai désiré vous voir ; ayant appris que vous aviez l'honneur d'être aimée de mon père! » — « Y a-t-il longtemps que vous êtes arrivée en cette ville ? reprit Catherine où avez-vous logé ? » — « Je vins tard à Quimper, j'ai logé près de Saint-Corentin, me reconnaissez-vous bien ? » — « Oui certainement, Madame, c'est vous qui m'avez donné une chemise et ce don m'a porté bonheur. Mais permettez-moi de recommander à votre bienveillance le Père Bernard et son compagnon le Père Maunoir. » — « Je les connais, dit la Dame, et depuis longtemps ; ils ont commencé à faire honorer la mère de Dieu, ils me feront plaisir de se souvenir de moi devant l'autel de la Vierge, dites-leur qu'en leurs prédications et confessions ils exhortent un chacun à tenir une dévotion particulière et constante à la reine des cieux, car il est impossible qu'un vrai serviteur de Marie soit jamais damné. » — « Vous plairait-il, Madame, de voir mes Pères, repartit Catherine, ou voulez-vous que je les prie d'avoir le bonheur de venir vous voir? » — « Non, je ne peux tarder, je ne fais que passer, ils me verront, mais ce ne sera pas de sitôt, ce sera avec mon père que voilà, maintenant je ne le peux, car mon père chez qui je demeure ne m'en a pas donné la permission. » — Catherine n'était pas hardie en la présence de cette Dame qu'elle n'avait encore vue qu'une fois, aussi son père consolateur lui dit : « Soyez donc plus hardie, Catherine, envers cette bonne Dame ; elle n'est pas superbe comme plusieurs demoiselles de Quimper ». — La Dame dit à Catherine qu'elle l'aimait puisqu'elle aimait la Sainte Vierge, et l'exhorta à être patiente et fidèle à Dieu, en même temps elle levait les yeux au ciel. Catherine en profita pour tirer à part le bon prélat pour lui demander : « Cette Dame vous est-elle parente ? » — « Madame, dit celui-ci, Catherine me demande si vous êtes de ma parenté. » — Puis se tournant vers Catherine : « Oui certes nous sommes parents, nous sommes toujours ensemble et je l'appelle ma mère. » — Catherine ne pouvait comprendre comment ce prélat qui était tout blanc, appelait sa mère, cette Dame qui semblait avoir 25 ans. Catherine prit la hardiesse de demander à cette Dame d'où elle était. — « Je suis de bien loin, répondit celle-ci, aussi ne puis-je venir vous voir aussi souvent ».

« Après plusieurs exhortations de ces deux saints personnages, le jour était prêt de poindre, le prélat dit à Catherine, qu'il était temps qu'il allât se déshabiller afin de rendre les habits pontificaux à Mgr de Cornouaille...... ».

Au mois d'octobre 1644, Catherine étant allée en pèlerinage à Sainte-Anne d'Auray, après la communion elle aperçut dans l'église sa bonne maîtresse accompagnée « d'une dame vénérable et d'un respectable vieillard habillé comme l'on représente d'ordinaire saint Joachim. Sa bonne maîtresse lui dit : « Vous étiez en peine de savoir d'où je suis, mais voici ma mère et mon père. » — Sainte Anne commença alors à exhorter Catherine à aimer Dieu et à souffrir pour son amour.

Catherine avait donné en offrande à sainte Anne tout l'argent de son voyage. Sa maîtresse lui demanda s'il lui en restait pour le retour ; et apprenant son dénuement elle ouvrit sa bourse et lui remit autant qu'elle en avait en entreprenant son pèlerinage.

Le jour où mourut Michel Le Nobletz, le 5 mai 1652, la bonne maîtresse vint visiter Catherine et dit en lui présentant un ecclésiastique tout rayonnant de gloire : « Voici mon grand ami Michel Le Nobletz, c'est un grand ami de la Vierge qui lui a obtenu trois belles couronnes. »

« Comme Michel Le Nobletz s'était mis à genoux, la Sainte Vierge lui dit : « Demandez, Michel, ce qu'il vous plaira, je tâcherai de l'impétrer de mon fils. » — « Pardon, Madame, pour tous les infidèles ! » — « C'est beaucoup ! » — « Pardon pour ceux qui ont célé leurs péchés en confession et ont communié en mauvais état. » — « Mais ils ont profané le sang de mon fils ! Cependant nous obtiendrons pour eux des grâces pour se convertir ! » — « Pardon pour ceux qui se sont donnés corps et âme au malin esprit avec obligation de le servir à jamais ! » — « Vous êtes bien exigeant dans vos demandes, cependant puisque vous le voulez j'en prierai mon divin fils. »

La Sainte Vierge par cette vision voulait faire connaître à Catherine la toute-puissance de son intercession, et comment elle ne pouvait rien refuser à ses amis, surtout lorsqu'ils l'implorent pour le salut des pécheurs.

Aussi, ajoute le Père Maunoir, il ne se peut dire avec quel zèle Catherine s'employait pour impétrer de Dieu les grâces nécessaires au succès des missions ! Une mission allait-elle commencer, aussitôt elle endurait des souffrances capables de la faire mourir ; tantôt son corps était tout glacé, tantôt brûlé par un feu tel que l'eau dont on voulait la rafraîchir, répandue sur ses membres ou sur son visage, s'évaporait comme si elle avait été jetée sur un fer rougi au feu.

Quelques jours après la mission, sa bonne maîtresse venait lui en donner des nouvelles pour l'inciter à recommander à Dieu cette œuvre et à souffrir pour obtenir de nouvelles conversions.

L'utilité et la valeur des souffrances demandées à certaines âmes pour obtenir des grâces extraordinaires de pardon pour les pécheurs ne peuvent mieux se démontrer que par le fait étonnant de la mort de Catherine à Ploaré, raconté par le vénérable Père Maunoir.

On est au 8 octobre 1663, Catherine est à Douarnenez et se meurt ; après avoir reçu les derniers sacrements, elle expire sans que les personnes chargées de la veiller s'en aperçoivent ; elles dormaient. Aussitôt son âme, conduite par la Sainte Vierge, a la vision des joies du paradis ; et Notre Dame lui montre également les peines du purgatoire et les tourments de l'enfer dont elle nous a laissé un récit saisissant digne du Dante. Au bout de quelques heures, la bonne maîtresse dit à Catherine qu'il fallait retourner sur la terre pour y souffrir encore quelque temps pour le salut des pécheurs et le soulagement des âmes du purgatoire. Catherine dut donc se résigner à revivre, mais non sans montrer une grande répugnance à rentrer dans ce corps glacé qu'elle avait cru avoir quitté pour toujours. — « Enfin, dit-elle, puisque c'est la volonté de Dieu, rentrons dans cette prison de terre, que son nom soit béni. »

De fait Catherine vécut encore quatre ans dans la prière et la souffrance, pour mourir le 4 novembre 1667 à Saint-Guen, trève de Mûr, où elle prêtait son concours aux Pères qui y donnaient la mission.

C'est ainsi que Notre Dame savait faire appel, pour l'œuvre des missions, à ses auxiliaires et à ceux qu'elle daignait appeler « ses grands amis », comme elle le disait elle-même le 14 octobre 1651, à Catherine Daniélou dans un cantique breton.

Tri mignon bras a meus er bed,	Evit doctor ha religius ebet,
Mignonet ha mignonezet,	An eil a anevezet ;
A c'henta, mestr Michel Nobletz	An trede a so e Castel.
Brassa serricher eus ar bed	Un arall c'hoas a meus ive.

« J'ai trois grands amis au monde. — Le premier est maître
« Michel Nobletz, mon meilleur serviteur, d'entre les doc-
« teurs et les religieux ; — le second vous le connaissez bien
« (faisant allusion au Père Maunoir, directeur de Catherine) ;
« — la troisième est à Saint-Pol (ma servante Amice Picard).
« — J'en ai même choisi une quatrième que dans le moment
« je m'occupe à instruire et à former, (voulant parler de Ca-
« therine elle-même.) »

✝

Mais Notre Dame ne comptait pas seulement sur ses amis et coopérateurs privilégiés, elle tenait à agir directement, elle-même, sur certaines âmes récalcitrantes pour les obliger en quelque sorte à profiter du bienfait de la mission. Les relations du Père Maunoir sont remplies du récit de ces interventions miséricordieuses de Marie, refuge des pécheurs.

A la mission de Plougastel-Daoulas, 1644, une jeune fille qui, depuis longtemps était en état de péché, fut tellement touchée par une des instructions, que son mouchoir fut tout imprégné de ses larmes. La nuit suivante elle se vit transportée devant le tribunal de Dieu. A droite se tenait la Sainte Vierge, saint Michel était à gauche avec des balances. La Mère de miséricorde à genoux devant Notre Seigneur lui dit : « Mon fils, faites grâce à cette jeune fille, ainsi qu'aux pauvres pécheurs, je vous en conjure par le lait dont je vous ai nourri ». — Le Souverain Juge demanda qu'on lui présentât les bonnes comme les mauvaises actions de cette âme. Aussitôt le démon jeta dans l'un des plateaux de la balance une quantité de serpents et de crapauds représentant les péchés commis. — « Mais où sont les mérites ? » dit Notre Seigneur à saint Michel. — « Hélas ! dit le saint Archange, je n'en vois pas d'autres que ce mouchoir rempli de larmes de la pécheresse » — « Eh bien ! dit le juge à la jeune fille, si tu veux demain purifier ton âme par une confession générale et prendre la résolution de changer de vie, moi en retour je te promets mon paradis. »

C'est ce qu'elle s'empressa de faire en remerciant saint Michel et la Vierge de leur protection.

A la même mission, comme les jeunes filles voisines de la chapelle Saint-Adrien s'étaient réunies près d'une croix pour chanter les cantiques ; au moment où elles entonnaient la Salutation angélique une noble Dame vint s'asseoir au milieu d'elles, et, dès qu'elles eurent terminé, cette Dame leur dit : « Mes enfants, lorsque vous chanterez de nouveau cette prière ajoutez-y ces paroles :

> *Mar quizit pedi evidomp*
> *Birviquen collet ne vezomp.*

« Si vous voulez prier pour nous, ô Marie, nous ne périrons jamais. »

Deux de ces jeunes filles étaient surtout assidues à chanter les cantiques de la mission. Peu après, l'une d'elles vint à mourir : et la sainte Vierge, lui apparaissant à ses derniers

moments, invita la malade à appeler sa compagne pour qu'elle
partageât la faveur de cette visite. Celle-ci étant accourue, la
sainte Vierge lui toucha la main, ce qui la remplit d'une
grande joie. C'est elle qui raconta le fait, sept ans après, au
Père Maunoir.

La même année 1644, à la mission de Dirinon, se trouvait
un enfant très dévot à la Sainte Vierge, mais qui avait des
habitudes vicieuses. Pendant son sommeil, il se voyait aller
en pèlerinage à une chapelle voisine dédiée à Notre-Dame,
lorsqu'à mi-chemin, près d'une grande croix, lui apparut un
ange portant de la droite une hostie et de la gauche un calice. —
« Ange de Dieu comme vous estes beau, s'écria l'enfant, qui
vous a envoyé ici ? » — « C'est la bienheureuse Vierge »,
dit l'ange. — « Emmène-moi avec toi. » — « Je ne le puis. »
— « Je t'en conjure. » — « Je ne le puis. » — « Pourquoi ? »
— Dieu ne te laisserait pas entrer dans son palais. — « Mais
pourquoi ? » — « Parce que, depuis l'âge de sept ans, tu as
pris de mauvaises habitudes, cependant la mission va finir,
les Pères vont partir ; confesse-toi immédiatement, ne re-
tombe plus dans ton péché, et un jour je viendrai te prendre
pour te conduire avec moi au ciel. »

Vers l'an 1649, dans la région de la Cornouaille, voisine
de Landerneau, vivait dans le désordre une jeune fille, qui,
frappée de l'insistance que les missionnaires mettaient à recommander la dévotion à saint Corentin, prit l'habitude de
réciter le *Pater*, trois fois par jour en son honneur. Une nuit
qu'elle ne pouvait dormir, elle fut saisie de frayeur en
voyant venir à elle une vénérable Dame accompagnée d'un
prélat. — « Rassurez-vous, lui dit la Dame, c'est votre Mère
du ciel qui vient vous visiter avec saint Corentin. Le Père
qui vous a appris à l'honorer viendra bientôt près d'ici prêcher la mission ; ayez soin de vous confesser à lui. » La jeune
fille le lui promit : et, dès lors, chaque nuit, elle entendait
la sainte Vierge et saint Corentin lui chanter pendant une

heure environ quelques-uns des cantiques de la mission.

Peu après s'ouvrit la mission de Landerneau, et, sur la recommandation de la Sainte Vierge, elle se confessa au Père Maunoir; mais, hélas! sans une entière sincérité; et Notre-Dame lui apparaissant de nouveau lui en fit un reproche sévère : — « Retournez vous confesser, dit-elle; et, quand il y aurait cent pénitents autour du confessionnal du Père, il vous appellera et vous fera passer la première. » Ce qui eut lieu en effet dès le lendemain comme nous le rapporte le Vénérable lui-même.

Voyant cette puissance de Marie, les démons s'efforçaient par-dessus tout d'éloigner les âmes de la dévotion à la Mère de la miséricorde. Une jeune fille fut entraînée une nuit par un voisin à une de ces assemblées diaboliques où Satan se faisait adorer. Là on la fit renoncer à Dieu et au Christ; mais elle refusa positivement de renier la sainte Vierge, malgré les trésors et les plaisirs qu'on lui faisait entrevoir.

Le démon changeant alors de tactique menaça de la transporter et de l'abandonner à plus de mille lieues de sa demeure : il en vint même à la maltraiter jusqu'à effusion du sang; mais elle déclara qu'elle préférait mourir que de renier la Mère de Dieu. Néanmoins, elle vit le démon inscrire son nom avec son propre sang sur ses infâmes tablettes; puis il lui donna comme compagnon deux autres démons, l'un sous la forme d'un jeune homme, l'autre semblant être une jeune fille de son âge. Tous deux la suivaient dans les champs où elle faisait paître ses brebis et la sollicitaient de toute manière à renoncer à la sainte Vierge. De plus, elle était maltraitée par sa mère, si bien que les malins esprits, pour être plus sûrs de la soustraire à la protection de Notre-Dame, la poussèrent au désespoir et l'aidèrent à se pendre à un arbre; ils lui avaient même passé la corde au cou, lorsqu'elle s'écria : « Sainte Vierge, assistez-moi. » Immédiatement apparut Notre-Dame qui mit en fuite les démons, coupa la corde, et reçut la pauvre fille à demi morte. L'ayant ranimée, elle l'exhorta à se confesser immédiatement et à se munir d'une croix pour mettre en fuite ses ennemis, s'ils se représentaient. Et ainsi elle fut délivrée de cette affreuse obsession.

Dans des circonstances analogues, une autre jeune fille fut aussi entraînée au sabbat où on lui fit renoncer à Dieu, au Christ, à la sainte Vierge, à sainte Anne et à saint Corentin, son nom fut inscrit « sur un livre noir, avec du sang pris du doigt auriculaire de sa main gauche ». S'étant convertie et ayant fait une bonne confession à la mission de Saint-Guen (1649), les démons l'obsédèrent tellement jour et nuit que le Père Maunoir la conduisit à Quimper à Mgr du Louet pour qu'il prononçât sur elle les exorcismes. Ce qui fut fait. Et cette fille avoua que les démons se plaignaient hautement du tort qui leur était fait par la confrérie du Rosaire et le Rosaire perpétuel.

La sainte Vierge aimait aussi à récompenser ses fidèles serviteurs en les disposant à une sainte mort.

A la mission de Plounévez-Quintin, Louise Cornec apprit avec le plus grand zèle les cantiques spirituels et la manière de réciter les quinze mystères du Rosaire ; elle changea complètement de vie, renonça aux dentelles, à la soie, aux danses et récréations mondaines. Elle consacrait à la méditation une demi-heure le matin et autant le soir, priant surtout la Sainte Vierge et saint Corentin de lui accorder une bonne mort.

Or peu de mois après la mission, le 20 août 1649, jour de la fête de saint Bernard, comme elle récitait à genoux son chapelet dans le verger, une Dame pleine de majesté lui apparaît, et lui dit : « Ma fille, dans quel but pries-tu ainsi ? » « Je récite, répondit-elle, tous les jours le rosaire pour obtenir une bonne mort, car j'ai appris dans la mission que les fidèles serviteurs de Marie obtiennent cette grâce ». — « C'est très bien cela, dit la Dame, mais ne me connais-tu pas ? » — « Non vraiment, je n'ai point cet honneur. » — « Je suis, ma fille, la mère de Dieu que tu salues tous les jours ; ce que tu demandes tu l'obtiendras aujourd'hui ; aujourd'hui tu viendras avec moi en paradis. Mais sois sans inquiétude, tu ne seras pas privée de la grâce des derniers sacrements ». Saint Corentin lui apparut également et lui donna la même assurance.

La Sainte Vierge avait averti Louise Cornec de demander pardon à ses parents, et, comme à ce moment sa mère s'avançait dans le verger et voyait sa fille en larmes ; — « pourquoi pleures-tu ? dit-elle. — « Hélas, ma chère mère, je dois aujourd'hui vous dire un dernier adieu, et je vous demande bien pardon de toutes les peines que je vous ai causées depuis que je suis au monde. » — « Qu'est-ce cela, ma fille ? tu n'es pas malade ! » — « Non, ma mère, mais voici près de moi la Sainte Vierge et saint Corentin, qui me disent que je dois mourir aujourd'hui ».

Comme elle semblait défaillir, sa mère la conduisit à la maison, où elle demanda également pardon à son père. — « Mais elle est folle », dit celui-ci. — « Non pas, reprit-elle, je sais parfaitement ce que je dis, faites venir le Curé pour qu'il m'administre les sacrements ». — Et comme celui-ci arrivait précipitamment, Louise lui dit : « Il n'est pas nécessaire de tant vous presser, je ne mourrai pas avant de les avoir tous reçus ».

Les voisins étaient accourus pour être témoins d'une mort si étrange, Louise sans s'émouvoir pria sa mère de réciter trois rosaires, l'un pour les âmes du purgatoire, le second pour les pécheurs, le troisième pour les agonisants ; puis, ayant demandé que son diplôme de membre de la confrérie du rosaire fût déposé dans son cercueil, elle expira en disant à sa Mère : « Ne pleurez pas, Dieu ne vous fait pas tort, il ne prend que son bien ». — Elle mourut ainsi dans les bras de la Sainte Vierge et de saint Corentin, et apparut ce même jour à Catherine Daniélou, lui annonçant sa joie de posséder le bonheur du ciel (1).

___

(1) Vie de Catherine Daniélou, par le P. Maunoir.

Ce rôle de la Sainte Vierge Mère de la divine grâce venant en aide aux missionnaires du XVIIe siècle nous est bien signifié par la vision qu'eut une personne de grande vertu lors de la mission de Lesneven en 1669 ; « étant ravie en esprit, et portée dans l'église de Notre-Dame du Folgoat dont elle était éloignée d'environ 17 lieues, elle vit des anges qui, ayant rempli cinq calices d'or du sang qui coulait de l'image du crucifix de cette église, allèrent le distribuer à cinq confesseurs occupés à la mission de Lesneven, puis retournèrent remplir les cinq mêmes calices du même sang, et le portèrent à cinq autres confesseurs, il n'y avait pour lors que dix missionnaires à cette mission qui en compta bientôt plus de vingt » (1).

En dehors de cette intervention incessante de Marie à l'occasion des missions, nous pourrions citer d'autres effets de sa maternelle protection.

Les archives départementales (E. 110) possèdent un document assez curieux, faisant mention de la dévotion singulière qu'on avait au XVIIIe siècle à la prétendue lettre de la sainte Vierge écrite aux gens de Messine. Ce document est une lettre, datée du château de Kerjan, en Saint-Vougay, le 8 avril 1754, et adressée par M. de Coatanscour à son parent M. de Liscoet en son hôtel à Lesneven.

« Il vient de nous arriver ici (à Kerjan) un événement bien merveilleux. Je crois que vous connaissez *Carton*. Son fils, qui est mon valet de chambre, fut attaqué hier au soir d'une colique de *miserere* affreuse, avec des convulsions terribles, nous n'attendions que le moment de le voir expirer.

« Dans cette extrémité nous pensâmes à lui appliquer une copie de lettre que j'ai, qu'on prétend avoir été écrite par la sainte Vierge aux habitants de Messine pendant que saint Paul y prêchait l'Evangile.

« On promit aussi une messe à Notre-Dame de Berven. Comme il était plié en double, et dans l'agitation d'une des plus rudes convulsions qu'il eût eue, on ne put lui appliquer la lettre que sur les épaules. Dans l'instant même il se redressa, et dit : qu'est-ce l'on m'a mis sur les épaules que je ne souffre plus : je suis guéri !

« Effectivement il le fût dès ce moment même. Sa tête demeura étonnée environ une demi-heure ; après quoi il rentra dans son état naturel. Et ce qu'il y a de plus singulier c'est que non seulement il ne lui a pas même resté la moindre impression des douleurs affreuses qu'il avait souffertes, mais il nous a servi hier et aujourd'hui à son ordinaire.

« Le comte de Kersauzon était ici, il n'a pas été témoin de ses douleurs que par le compte qu'on nous en venait rendre de moment en moment ; enfin on nous vint dire qu'il ne pourrait encore vivre un quart d'heure, il voulut aller dans sa chambre, et il y alla dans le moment même de la guérison miraculeuse, j'ose le dire car je ne crois pas qu'il y manque aucune circonstance d'un miracle véritable, j'ai cru que vous ne seriez pas fâché de savoir cet événement. » — Coatanscour (1).

(1) *Copie de la lettre écrite par la Bienheureuse Vierge, en la cité de Messine, au temps où saint Paul prêchait l'Évangile.*

« Je, Marie, Vierge très humble, Mère de Jésus-Christ, Fils de Dieu, le Tout Puissant éternel, à tous ceux de Messine, salut et bénédiction en Notre-Seigneur.

« Vous avez entendu par les ambassadeurs envoyés à vous, comme, par la prédication de Paul apôtre vous avez reçu l'évangile, et annoncé le tout être véritable, et que le Fils de Dieu s'est fait homme et a souffert mort et passion pour le salut des hommes, et y celui vrai Christ et Messie, comme il est pareillement. Je vous prie de persévérer, vous promettant, et à toute votre cité, d'être toujours à votre garde auprès de mon Fils.

« Marie Vierge, très humble servante, mère de Dieu. »

Voici une note du XVIIIe siècle qui attribue à des officiers de marine l'introduction de cette dévotion à la lettre écrite par Notre-Dame aux gens de Messine.

« C'est feu M. des Nos*, lieutenant général des armées navales de Sa Majesté, qui a donné cette lettre. Il l'a toujours portée sur lui, de même que M. des Nos, capitaine de vaisseau ; et M. le chevalier des Nos, le cadet,

* En 1675, l'escadre de la marine française assiste à la fête annuelle célébrée le 6 juillet, en l'honneur de la lettre de la Très Sainte Vierge, à Messine.

Le 12 juillet 1656, les notaires de Plouescat dressaient procès-verbal d'un fait propre à confirmer les fidèles dans leur dévotion au scapulaire du Mont-Carmel. « Par devant nous notaires de la juridiction de Kerouzéré, en notre tablier au bourg de Plouescat se sont présentés vénérables et discrets missire Ollivier Léon, Recteur du dit Plouescat, accompagné des sous-signants prêtres, gentilshommes et partie des habitants d'icelle paroisse, lesquels nous ont déclaré et affirmé par leur foi et serment que les uns faisant les obsèques en l'église de Plouescat du corps d'écuyer Laurent du Chastel vivant sieur du Pratbihan, le 3 d'avril 1656, les autres, savoir les gentilshommes et habitants assistant au dit convoi, avoir vu et remarqué que lorsque l'on faisait ouverture de la tombe par ordre de M. Thomas-Pierre du Chastel, sieur de L'Isle et écuyer François Tribara, sieur de Pennanru, ce dernier s'estant mis au bout de la tombe, remarqua dans une pellée de terre qu'on jetait de la tombe quelqu'espèce d'étoffe, et ayant demandé au fossoyer de voir la dite pièce de terre où était la dite étoffe, l'ayant prise ès mains, trouva un scapulaire, autrement « petit habit », de la Sainte Vierge de Notre-Dame du Mont-Carmel, tel et de la façon que les religieux du dit ordre ont coutume de donner à leurs confrères ; mais cependant tellement gâté et sali par la terre qu'il le croyait tout pourri, jusqu'à ce que l'ayant secoué et frappé contre le banc et tiré par divers fois les attaches du dit scapulaire, trouva qu'il était entièrement sain et frais.

« Dès l'instant s'étant transporté chez lui, le dit scapulaire en main, l'ayant lui-même lavé dans une eau tiède, reconnut que c'était le même scapulaire qui avait été baillé et enterré avec le corps d'écuyer Goulven du Chastel vivant sieur de Mescaelen, fils d'écuyer Mathurin du Chastel, sieur de Ker-

qui a été à Messine en faisant les caravanes, manda que la dite lettre était dans une châsse d'argent, et qu'on y avait une dévotion singulière, étant un fait de tradition que cette lettre était une des raretés de cette ville et cité

« Les MM. des Nos susnommés, après mille et mille dangers, sont morts dans leur lit, munis des sacrements de l'Église ».

hadennec, il y a quinze ans ; laquelle connaissance, le dit sieur Pennaru a eu par les moyens cy-après savoir : par l'étoffe qui fait le corps du dit scapulaire qui est de drap gris noir, chargé du nom de Jésus d'un bout avec le mystère de la Croix, et de l'autre bout du nom de Marie avec une croix dessus en broderie de soye d'orange. Le dit nom de Marie entouré d'une couronne en forme d'épine faite de soie verte, le tout couvert de taffetas de couleur d'Isabelle attachés avec deux attaches de laine minime. Le tout aussi frais et entier comme lorsqu'il fut baillé et enterré avec le corps du dit sieur de Mescuelen lors de son décès au logis de Demoiselle Françoise du Chastel, dame douairière de Kergomarch sa tante, lors demeurant en ce dit bourg.

« Après quoi le dit sieur Pennaru retourna incontinent dans l'église avant l'issue de la messe qu'on célébrait à l'intention du défunt sieur de Pratbian, dont l'enterrement se faisait pour lors, ayant le dit scapulaire en main, le fit voir aux soussignants, lesquels tout surpris d'une chose si extraordinaire, pour ne pouvoir comprendre comment une étoffe si mince se serait conservée tant d'années dans la terre sans être autrement altérée et viciée, attendu particulièrement que le bois de la chasse qui tenait le dit corps, le linceul qui l'enveloppait, et le corps même étaient consumés et réduits en poudre, ce qui a donné lieu de croire à un chacun que la conservation de ce scapulaire est l'effet de la puissance divine et de la bonté que la Sainte Vierge témoigne à l'endroit de ceux qui avec respect et révérence portent son saint habit dans la confrérie du Saint-Scapulaire de Notre-Dame du Carmel ».

« C'est la véritable déclaration que donnent les soussignants, en présence du R. P. Jean Le Borgne, religieux minime, demeurant à présent au couvent de Saint-Paul, et d'autant que le sieur de Pennaru, qui s'était saisi du dit scapulaire et l'avait gardé sur soi, mu d'un motif spécial de piété à l'endroit de Notre-Dame du Carmel de Saint-Paul, s'est démis en notre présence du dit scapulaire aux mains du R. P. Hyacinthe de Saint-Laurent, prieur du dit couvent de Saint-Paul, lequel s'en est saisi et l'a transporté au dit couvent pour servir de témoignage à la postérité, des faveurs que la Sainte Vierge obtient de Dieu pour ceux qui s'entrent dans la dite confrérie de Notre-Dame du Carmel. »

Dans les temps modernes, Notre-Dame nous a également ménagé ses faveurs, protégeant le pilote Trémintin, compagnon de Bisson en 1827 ; comme il apparaît d'une lettre écrite le 8 décembre 1856 par le Recteur de l'île de Batz à M. du Marc'hallach, vicaire général.

Dans cette lettre, le Recteur commence par transcrire le récit que le pilote Trémintin avait fait lui-même au vice-amiral H. de Rigny au sujet de la mort héroïque de Bisson, qui aima mieux faire sauter son navire que de se rendre ; puis il ajoute :

« … Le brave pilote a toujours dit et répété, il proclame devant tout le monde qu'il n'a dû sa conservation qu'à la bonne Sainte Vierge, à Marie la Patronne des marins.

« Aussi c'est avec bonheur, Monsieur, qu'il atteste et certifie qu'après l'explosion du *Panayoti*, étant retombé dans la mer, sans connaissance, perdant son sang par ses blessures, une femme portant un enfant sur le bras lui apparut et lui dit : « Courage, courage, courage », mais sans prononcer son nom ; aussitôt il se relève sur l'eau, trouve sous sa main une amarre, a la présence d'esprit de s'en entourer le bras et est traîné sur le rivage par une des tartanes à laquelle tenait cette amarre.

« Une marque de la foi de M. Trémintin dans cette circonstance fut le signe de la croix qu'il commença avec son pistolet dont il venait de renverser un pirate, mais l'explosion ne lui laissa pas le temps de l'achever ».

Au bas de cette lettre Trémintin écrivait :

Je ateste la vérité du faite raporté cie-dessu. TRÉMINTIN.
Chevalier de la Légion d'honneur, île de Batz, le 8 décembre 1856.

Le même Recteur ajoutait :

« L'église paroissiale actuelle a remplacé une ancienne chapelle dédiée à Notre-Dame du Bon-Secours, qui est demeurée patronne secondaire de la nouvelle église, elle est invoquée par les marins en danger ; il y a dans l'église un tableau représentant un navire battu par la tempête, au haut l'on voit l'image de Marie tenant l'Enfant Jésus dans ses bras et au bas est écrit : « ex-voto donné par le sieur Le Moal, capitaine du navire l'*Espérance* de Roscoff le 13 décembre 1785 ».

Dans l'île de Batz se voit l'ancienne chapelle de Notre-Dame du Penity, dans la partie est de l'île, voisine de l'antique église de Saint-Pol, l'une et l'autre ensevelies sous les sables, cette dernière est en partie découverte mais de l'autre il ne reste plus trace. La tradition rapporte qu'un habitant de l'île nommé Roué fut pris par des pirates algériens, chargé de fers et jeté dans un cachot pour attendre la mort, il avait été fabrique de Notre-Dame de Penity, et sans espoir pour la vie il recommandait son âme à celle qu'il avait servie tant de fois, le soir la veille d'une fête de la Vierge il lui exprimait ainsi ses regrets : « itroun Varia Penity, me garie c'helohen ho servicha varc'hoas en ho ty. » La nuit pendant son sommeil, les portes du cachot s'ouvrirent et le lendemain il se réveillait dans la chapelle de Notre-Dame de l'île de Batz et déposait ses chaines aux pieds de sa libératrice. Ce seraient ces chaines qu'on voit actuellement dans l'église paroissiale de l'île.

On attribue à Notre-Dame de Pratcoulm plusieurs faveurs dont voici quelques-unes :

« Une femme qui vit encore, écrivait le Recteur en 1834, puisant de l'eau dans un puits très profond y tomba sur la tête, se recommandant à Notre-Dame ; après avoir été au fond du puits elle reparut sur l'eau où elle resta quelques heures, et fut sauvée sans avoir éprouvé aucun mal. »

« Une autre femme, qui vit encore âgée d'environ 60 ans, languissait depuis très longtemps d'un mal pour lequel elle avait consulté inutilement tous les médecins du pays ; voyant que les remèdes ne pouvaient la soulager, elle demanda de porter à la procession l'image de Notre-Dame de Pratcoulm, disant que, si on lui accordait cette grâce, elle serait sûrement guérie, ce qui se réalisa contre toute espérance humaine. »

« Un jeune homme de l'île de Batz tomba il y a quelque temps entre les mains de trois sauvages qui se préparaient à le tuer. On l'avait déja déshabillé lorsque ce jeune homme âgé de 22 ans, second à bord de son navire, ne voyant plus d'espoir d'éviter la mort, se recommanda à la Sainte Vierge et quand les sauvages voulurent le frapper, leurs bras se paralysèrent et le jeune homme put éviter la mort ; aussitôt qu'il fut retourné à bord il écrivit à ses parents pour les prier de recommander une messe d'action de grâces dans la chapelle de Pratcoulm, ce qu'ils ont fait deux années de suite. »

« Un incendie menaçait de brûler, une des plus belles fermes de la paroisse ; le feu avait brûlé le toit de l'écurie et le vent poussait la flamme sur la maison sans qu'on put s'en approcher pour s'y opposer ; la maîtresse de la maison très dévote à Notre-Dame promet de donner à Notre-Dame de Pratcoulm deux pièces de 6 francs alors en usage, aussitôt les vents changèrent de direction et la maison fut sauvée. »

« Une mère, avec son fils âgé de 3 ans étant dans une grange, entendit un grand bruit et vit les murs qui s'écroulaient, elle se recommanda à Notre-Dame de Pratcoulm, le toit et les pierres tombèrent sur eux, on les crut mort et n'eurent pourtant aucun mal, le fils est aujourd'hui diacre ».

On pourrait multiplier ces citations en consultant les Recteurs qui ont le privilége de posséder quelqu'un de ces dévots sanctuaires à Notre-Dame.

Mais je voudrais dire un mot des témoignages de reconnaissance rendus à Marie dans nos contrées. Cette reconnaissance s'est traduite principalement par ce grand nombre de sanctuaires élevés en son honneur, nous en avons déjà donné un classement suivant les invocations adressées à Notre-Dame dans les litanies, nous insérons ici la nomenclature aussi exacte que possible de ces sanctuaires suivant les divisions ecclésiastiques du diocèse, nous la ferons suivre d'un essai de classement par ordre chronologique, mais ici en dehors de documents positifs on ne peut donner qu'une date approximative, le style architectural n'indiquant le plus souvent qu'une restauration ou reconstruction du monument.

III

SANCTUAIRES DÉDIÉS A NOTRE-DAME
DANS LE DIOCÈSE DE QUIMPER-LÉON

ARCHIPRÊTRÉ DE QUIMPER

VILLE DE QUIMPER.

La cathédrale dédiée par saint Corentin à N.-D. de la Chandeleur.
N.-D. du Guéaudet ou de la Cité.
N.-D. du Peniti sous les allées de Locmaria.
N.-D. de la Miséricorde à l'hôpital Sainte-Catherine.
N.-D. du Paradis attenante à l'église de Saint-Mathieu ; elle servit de première chapelle aux dames Ursulines en 1624.
N.-D. du Calvaire, ancien Séminaire.
N.-D. de Bon-Secours, au collège.
N.-D. de Kerlot, monastère de Cisterciennes, fondé d'abord à Plomelin, puis à Quimper.
N.-D. de Pitié aux Ursulines.
Locmaria Quimper, fondée sous les Rois Bretons.

ERGUÉ-GABÉRIC.

N.-D de Kerdevot fondée au XV°.

KERFEUNTEUN.

N.-D. de la Mère de Dieu ou de Lorette.
N. D. de Kernilis.
N.-D. de Menfouez. N.-D. de Pitié.

PLOMELIN.

N. D. de Bodivit, ancienne paroisse.

PLUGUFFAN.

N.-D. de Grâces.

BRIEC.

N.-D. d'Illijour.

LANDRÉVARZEC.

N.-D. de Quilinen.

LANDUDAL.

N -D. de Populo.

LANGOLEN.

N.-D. de Pitié à Saint-Huel

CONCARNEAU.

N.-D. du Portail.
N.-D. de Bon-Secours à la Croix.
N.-D. des Iles aux Glénans.

LANRIEC.

N.-D. de Lorette : paroisse.

TRÉGUNC.

N.-D. de Kerven.

DOUARNENEZ.

N.-D. du Juch.

PLOGONNEC.

N.-D. de Lorette.

POULLAN.

N.-D. de Kerinec du XIII°.

ELLIANT.

N.-D. de Lorette ou N.-D. Auxiliatrice.

ROSPORDEN.

N.-D. de Rosporden : paroisse.

SAINT-YVI.

N.-D. de Loemaria an Hent.

FOUESNANT.

N.-D. des Neiges à Kerbader.

BENODET.

N.-D. de Benodet : paroisse.

CLOHARS-FOUESNANT.

N.-D. du Drennec.

FORET-FOUESNANT

N.-D. du Pénity.
N.-D. de la Forêt.
N.-D de Kergornec.

GOUESNACH.

N.-D. de Bon-Secours.
N.-D. du Pénity.

LABABAN.

N.-D. du Loch ou de Grâces.

PLONÉIS.

N.-D. de Grâces à la Boexière.

PLONÉOUR LANVERN.

N.-D. de Languivoas XIV°.
N.-D. de Bonne-Nouvelle.
N.-D. du Folgoet.

POULDREUZIC

N.-D. de Penhors.

PLOZÉVET.

Chapelle N. D. devenue église paroissiale en 1381.

PONT-CROIX.

N.-D. de Rosendou : paroisse

CLÉDEN.

N.-D. de Pitié ou la Croix.

MEILARS.

N.-D. de Confort.

PLOGOFF

N.-D. de Bon Voyage.

PONT L'ABBÉ.

N.-D des Carmes XIV°.
N.-D. de Lambour XIII°.

COMBRIT.

N.-D. de la Clarté.

LOCTUDY.

N.-D. de Porzbihan XIII°.
N.-D. de Croasiou.

PENMARCH.

N.-D. de la Joie.

PLOBANNALEC.

N.-D. de Tréguidean.

PLOMEUR.

N.-D. de Tréminou.

SAINT-JEAN TROLIMON.

N.-D. de Tronoan.
N.-D. de Kerdévot.

TRÉMÉOC.

N.-D. du Rosaire.

ARCHIPRÊTRÉ DE BREST

SAINT-LOUIS.

N.-D. de Délivrance.
N.-D. de la Miséricorde.
N.-D. de Bon Secours.

LES CARMES.

N.-D. du Carmel.
N.-D. du Château.

SAINT-SAUVEUR.

N.-D. de Recouvrance.
N.-D. de Kerbonne.

LAMBÉZELLEC.

N.-D. d'Espérance.
N.-D. de Kerinou.
N.-D. du Carmel.
N.-D. de Bon-Secours.

BOHARS.

N.-D. de Grâces à Loquillau.

GOUESNOU.

N.-D. de Lorette.

DAOULAS.

N.-D.-Abbaye.
N.-D. des Fontaines.

PLOUGASTEL-DAOULAS.

N.-D. de la Fontaine Blanche.
N.-D. de Bon Voyage (passage).

HÔPITAL-CAMFROUT.

N.-D. de Bon Voyage : paroisse.

IRVILLAC.

N.-D. de Coatnan ou de Lorette.
N.-D. de Délivrance.

RUMENGOL.

Notre-Dame : paroisse.

SAINT-ELOY.

N.-D. du Fresq.

SAINT-URBAIN.

N.-D. de Pitié à Trévarn.

LANDERNEAU.

N.-D. de la Fontaine Blanche.
N.-D. des Anges.

DIRINON.

N.-D. de l'Assomption, à Ker-
liézec.

GUIPAVAS.

N.-D. du Run.

PENCRAN.

N.-D. de Pitié.

LE RELECQ.

N.-D. du Relecq : paroisse.

TREMAOUÉZAN.

N.-D. de Tremaouézan : paroisse.

LANNILIS.

N.-D. de Troberou.
N.-D. de Poulfozou.
N.-D. de Kerguistin.
N.-D. de Coum ou du Tavay.
N.-D. de Bonne-Nouvelle.
N.-D. de Consolation au Roual.

GUISSENY.

N.-D. de Brendaouez.

L'Immaculée Conception (cimetière).
N.-D. de Penfeunteun.

LANDÉDA.

N.-D. des Anges.
N.-D. de Penfeunteun.

PLOUGUERNEAU.

N.-D. du Grouanec.
N.-D. du Traon ou du Val.
N.-D. de Délivrance, au cimetière.

LESNEVEN.

N.-D. fondée au XIIe siècle.

LE FOLGOAT.

N.-D. du Folgoet, XIVe: paroisse.

KERLOUAN.

N.-D. de Bonne Nouvelle.
N.-D. du Croazou.

KERNOUES

N.-D. de la Clarté.

PLOUIDER.

N.-D. de Pont du Chastel.
N.-D. de Dervennou (des Chênes).

ILE DE OUESSANT.

N.-D. d'Espérance.
N.-D.: église paroissiale en 1393.

PLABENNEC.

Locmaria Lan.
Locmaria Lannennec.
N.-D. de Lesquelen.
N.-D. du Folgoet.

KERSAINT-PLABENNEC.

N.-D. de Grâces à Lanvelar.

LANARVILY.

N.-D. du Moguer.

BOURGBLANC.

N.-D. Eglise paroissiale.

MILIZAC.

N.-D. de Pitié ou Kerandflech.

LANDUNVEZ.

N.-D. de Bon-Secours à Kersaint Tremazan.

GUIPRONVEL.

N.-D. de Bonne Nouvelle (paroisse).

PLOUGUIN.

N.-D. de Pitié à Kerozval.

BRELÈS.

N.-D., Paroisse.

PORSPODER.

N.-D., Eglise paroissiale.

TRÉGLONOU.

N.-D., Eglise paroissiale.

LA MARTYRE.

N.-D. de la Martyre: paroisse.

LA ROCHE.

N.-D. de Pont-Christ.

SAINT-RENAN.

N.-D. de Liesse, devenue église paroissiale.

LE CONQUET.

N.-D. Auxiliatrice, maison de dom Michel.
N.-D. de Poulconq.

ILE MOLÈNES.

Paroisse et chapelle du cimetière.

LOCMARIA-PLOUZANÉ.

Eglise paroissiale Notre-Dame.

PLOUARZEL.

N.-D. de Trezien.
N.-D. de Kerrien.

PLOUGONVELIN.

N.-D. de Grâces, près Saint-Mathieu.

PLOUZANÉ.

N.-D. de la Botdonou.

PLOUMOGUER.

N.-D. du Quenquis.

TRÉBABU.

N.-D. du Val.

ARCHIPRÊTRÉ DE CHATEAULIN

CHATEAULIN.

N.-D. du Château.
N.-D. de Kerluhan.
N.-D. de Pitié (ancien cimetière).

CAST.

N.-D. de Quillidouaré.

LOCRONAN.

N.-D. de Bonne-Nouvelle.

QUEMENEVEN.

N.-D. de Kergoet.

PLOMODIERN.

Sainte Marie du Menez horm.

PLONEVEZ PORZAY.

N.-D. de la Clarté.

CARHAIX.

N.-D. du Frout.
N.-D. de Grâces (Hôpital).
N.-D. du Château (B^a M^a oppidi).

CLEDEN POHER.

N.-D. de l'Assomption (Eglise paroissiale).
N.-D. du Mur ou du Moustoir.

KERGLOFF.

N.-D. de Bon-Secours.

POULLAOUEN.

N.-D. de Pitié.
N.-D. des Anges ou du Paradis, au cimetière.

SPEZET.

N.-D. du Cran.

CHATEAUNEUF-DU-FAOU.

N.-D. des Portes XVe.
N.-D. du Vieux-Marché.

COLLOREC.

N.-D. Paroisse.

CORAY.

N.-D. de Garnilis.

LANDELEAU.

N.-D. de Lanlach.

LAZ.

N. D. (au bourg).

LEUHAN.

N.-D. de Penanvern.
N.-D. de Gouelet-Leuhan ou du Mur.
N.-D. de Lourdes.

SAINT-THOIS.

N.-D. de la Roche ou des Anges.

TRÉGOUREZ.

N.-D. de Ponthouar.

CROZON.

N.-D. de Porz Salud.

ARGOL.

N.-D. de Rochemadou.

CAMARET.

N.-D. de Rocamadour.

LANDEVENNEC.

N.-D. Eglise paroissiale.
N.-D. du Folgoet.

HUELGOAT.

N.-D. des Cieux.

LOCMARIA BERRIEN.

N.-D. de Bonne-Nouvelle (paroisse).

SCRIGNAC.

N.-D. de Coatquéau.

PLEYBEN.

N.-D. de Gars Maria.
N.-D. de Lannelec.
N.-D. de Guernilis.

BRENNILIS.

N.-D., Eglise paroissiale.

EDERN.

N.-D. de Hellen.
N.-D. de Lannien.
N.-D. de Niver.

GOUEZEC.

N.-D. des Fontaines.
N.-D. de Tréguron (des Trois Couronnes, Rosaire).

LENNON.

N.-D. de Knéchguen.

LOQUEFFRET.

N.-D. de la Croix.
N.-D de Lanvoy.

ARCHIPRÊTRÉ DE MORLAIX

MORLAIX.

N.-D. du Mur.
N.-D. des Fontaines (Carmélites).
N.-D. du Calvaire (Calvairiennes).
N.-D. de Pitié (Ursulines).
N.-D. des Vertus à Saint-Martin.
N. D. de la Salette.

PLOUJEAN.

N.-D., Eglise paroissiale.
N.-D. Bon-Secours Traonfeunteuniou.
N.-D. Grâces à Suchiniou.

PLOURIN.

N.-D. Paroisse.

LANMEUR.

Lanmeur Kernitroun : XIIe siècle.

GARLAN.

N.-D. Paroisse.
N.-D. de Kerrezec.
N.-D. du Bois de la Roche.

GUIMAEC.

N.-D. des Joies.

LOCQUIREC.

N.-D. de Lingoué.

PLOUGASNOU.

N.-D. de Pitié à Pontplancoët.
Oratoire de N.-D. de Lorette.

PLOUIGNEAU.

N.-D. de la Clarté.
N.-D. du Mur.
N.-D. de Luzivily.

SAINTE-THÉGONNEC

N.-D. de Guir-Sicour, paroisse.

LE CLOÎTRE SAINT-THÉGONNEC,
N.-D., la Paroisse.

PLOUNEOUR-MÉNEZ.

N.-D. du Relecq.
N.-D. Locmaria.

TAULÉ.

N.-D. de Penzé.

CARANTEC.

N.-D. de Callot.
N.-D. du Frout.
N.-D. des Sept-Douleurs (Kerom-
nès).

ARCHIPRÊTRÉ DE SAINT-POL DE LÉON

SAINT-POL.

N.-D. de Cahel, Cathédrale.
N.-D. du Creisker.
N.-D. des Carmes.
N.-D. Guir Sicour, Ursulines.
N.-D. de Confort (Cimetière).
Près de Mouster-Pol, Chapel-
Pol : oratoire dédié à N.-D. de
Bonne-Nouvelle, à Lagatvran.
N.-D. de Bonne-Nouvelle, Prat-
euiq.
N.-D. de Lorette, près les Carmes.
N.-D. de Kersaliou, N.-D. de la
Clarté.

ILE DE BATZ.

N.-D. du Penity sous les Sables.
N.-D. de Bon-Secours.

ROSCOFF.

N.-D. de Croaz-Batz : paroisse.

PLOUÉNAN.

N.-D. de Lopreden.
N.-D. de Kerellon.

PLOUGOULM.

N.-D. de Pratcoulm.
N.-D. de Larchantel.

LANDIVISIAU.

N.-D. de Brelevenez.
N.-D. du Mur.
N.-D. de Lourdes.

BODILIS.

Notre-Dame. Paroisse.

LAMPAUL-GUIMILIAU.

Notre-Dame : paroisse.
N.-D. de Bon-Secours (Cimetière).

PLOUESCAT.

N.-D. de Kerezean.

PLOUNEVEZ-LOCHRIST.

N.-D. de Guermeur, XIVe
N.-D. de Bonne-Nouvelle.
N.-D. de Paix.
N.-D. de Pont-Christ.

PLOUZEVEDÉ.

N.-D. de Berven.
N.-D. du Penity.

PLOUGAR.

N.-D. de Kerosily.

CLÉDER.

N.-D. de Brelevenez.
N.-D. de Kergournadec'h ou N.-D.
d'Espérance.

PLOUVORN.

N.-D. de Lambader.
N.-D. de Pitié à Kergoulouarz.

ARCHIPRÊTRE DE QUIMPERLÉ

QUIMPERLÉ.

N.-D. Bonne-Nouvelle ou du Reclus.
N.-D. de l'Assomption (Paroisse)
N.-D. de Pitié, Ursulines.
N.-D. de Bon-Secours (Goreker).

GUILLIGOMARCH.

N.-D. de la Clarté.

LOCUNOLÉ.

N.-D. du Folgoet.

REDENÉ.

N.-D. de Lorette (Paroisse).

BANNALEC.

N.-D. du Folgoet (Paroisse).
N.-D. des Neiges.
N.-D. de Lorette.
Locmaria de la Véronique (1413).

KERSEVEL

N.-D. du Moustoir.

MELGVEN.

N.-D. de Coat-an-Podou.
N.-D. de la Victoire.
N.-D. de Creach an Goal.
N.-D. de Bonne-Nouvelle.

RIEC.

N.-D. de Trémor.
N.-D. de Trebellec.
N.-D. de Gouelet-Riec.
N.-D. Lojan.

MOËLAN.

N.-D. de Lanriot.
N.-D. de Trémorvezen ou des Trois Maries.

NIZON.

N.-D de l'Annonciation au Plessis.
N.-D. de Trégornet.
N.-D. de Trémalo.

SCAER.

N.-D. de Plaç Scaër.
N.-D. de Penvern.
N.-D. de la Mercy.

QUERRIEN.

N.-D. de la Clarté.
N.-D. de Bonne-Nouvelle.

†

ORDRE CHRONOLOGIQUE DES SANCTUAIRES DÉDIÉS A NOTRE-DAME

VIe, VIIe siècles.

Saint-Corentin, Cathédrale.
Saint-Pol-de-Léon, Cathédrale.
N.-D. de Callot.
N.-D. de Creisker, Saint-Guévroc.
Rumengol, Saint-Guénolé.
Daoulas, Saint Jahoua.
Braspartz, Saint-Jahoua.
N.-D. du Relecq Gerber.
N.-D. de Lesquelen, Plabennec, Saint-Tenénan.
N.-D du Run Guipavas, Saint-Thudon.
Locmaria in aquilonia Civitate.
N.-D. du Château a Brest.
N.-D. du Penity, ile de Batz.

XIIe siècle.

N.-D. de Relecq Kerhuon (croisade).

N.-D. de Trézien, Plouarzel.
N.-D. de la Joie, Guimiec (croisade).
N.-D. de Bodivit.
N.-D de Benodet (Saint-Thomas).
N.-D. de Roscudon, Pontcroix.
N.-D. de Lesueren.
N. D. de Quilinen, Landrevarzec (croisade).
N.-D. de Ploujean (Saint-Melaine).
N.-D. de Saint-Maurice, Carnoët.
N.-D. de Ponterist-Plounévez, Lochrist.
N.-D. de Lambourg, Pont l'Abbé.
Kernitron Lanmeur.
N.-D. du Reclus, Quimperlé.

XIIIe siècle.

N.-D. de Kerinec, Poullan.
N.-D. des Fontaines, Morlaix.
N.-D. du Mur, Morlaix 1295.
N.-D. de la Martyre.
N.-D. du Guéodet, Quimper.
N.-D. de Rosporden.
N.-D. de l'Assomption, Quimperlé.

XIVe siècle.

Locmaria Lan, Plabennec.
N.-D. de Lannelec, Pleyben.
N.-D. de Languivoez, Plonéour Lanvern 1386.
N.-D. de Trezmonou, Plomeur 1380.
N.-D. du Guermeur Plonévez-Lochrist 1393.
N.-D. de Porspoder, 1381.
N.-D. de Recouvrance, Brest 1385.
N.-D. des Carmes, Léon, 1376.

N.-D. de Coatquéau Scrignac, 1388.
N.-D de l'Hôpital à Léon 1387.
N.-D. de Troiorn, Saint-Jean-Trolimon.
N.-D. de Ponterist, Plounévez Lochrist, 1387.
Ti mam Doué, Kerfeunteun.
N.-D. des Carmes, Pont-l'Abbé.
N.-D. de l'Hôpital, Camfrout.
N.-D. de *Rupe amatoris*, en Mélénac. (En Mellac ou Camaret ?)
N.-D. de Brêles, 1381.
N.-D. de Porzbiban, Loctudy.
N.-D. de Prateoulm, Plougoulm.
N.-D. de Lambader, Plouvorn.
N.-D. de Plozevet 1381.

XVe siècle.

N.-D. de Kersaint Plabennec.
N.-D. du Bourgblanc.
N.-D. de Kersaint, Trémazan.
N.-D. de Tréglonou.
N.-D. de Liesse, Saint-Renan.
N.-D. de Poulconq, Conquet.
N.-D. de Grâces, Plougonvelin.
N.-D. de Kergoat, Quéménéven.
N.-D. du Château, Carhaix.
N.-D. du Vieux-Marché, Châteauneuf.
N.-D. de Colloree.
N. D. du Folgoet.
N.-D. de Penzé Taulé.
N.-D. de Confort inter duo ossaria) Saint-Pol.
N.-D. de Croaz batz, Roscoff.
N.-D. de Bodilis.
N.-D. de Coatanpodou, Melgven.
N. D de Bonne-Nouvelle, Melgven.

N.-D. de Plœ-Serri, Scaër.
N.-D. de Larriot, Moëlan.
N.-D. de Kerdévéa, Ergué-Gabéric.
N.-D. de Locrenan.
N.-D. des Portes, Châteauneuf.
N.-D. de l'Ercnnilis.
N.-D. de Trémaouézan.
N.-D. de la Fontaine Blanche, Plo-gastel-Daoulas.
N.-D. de la Fontaine Blanche, Landerneau.
N.-D. du Grouannec Plouguerneau.
N.-D. de Penhors Pouldreuzic.
N.-D. de la Roche, Saint-Thois.
N.-D. de Kerguistin, Launilis.
N.-D. du Portail, Concarneau.
Locmaria an Hent, Saint-Yvy.
N.-D. de Kerdevot, Saint-Jean-Trolimon.
N.-D. de Brendaouez, Guisseny.
N.-D. des Anges, Landéda.
N.-D. du Pont du Chastel, Ploui-der.
Locmaria Lanvennec, Plabennec.
N.-D. de Berven Plouzévédé.
Locmaria Veronique, Bannalec (1493).

XII siècle.

N.-D. du Juch.
N.-D. de la Clarté, Combrit.
N.-D. de Coatnan, Irvillac.
N.-D. du Fresque, Irvillac.
N.-D. de Pitié, Trévaru, Saint-Ur-bain.
N.-D. du Moguer, Lanarvily.
N.-D. de Pitié, Milizac.
N.-D. des Sept-Douleurs, Coat-méal.

Locmaria Plouzané
N.-D. de Kerrien, Plouarzel.
N.-D. du Val, Trébabu.
N.-D. de l'Assomption, Cléden Poher.
N.-D. des Anges ou du Paradis, Poullaouen.
N.-D. de Garnilis, Coray.
N.-D. de Lannach, Landeleau.
N.-D. de la Croix, Loqueffret.
N.-D. de Bonne Nouvelle, Prat-euieq, Saint-Pol.
N.-D. de Lopreden, Plouénan.
N.-D. de Kerellon, Plouénan.
N.-D. de Brelevenez, Landivisiau.
N.-D. de Kergournadech, Cleder.
N.-D. du Folgoat, Lannalec.
N.-D. de Trogoal, Clohars Cor-novet.
N.-D. de la Forêt, Fouesnant.
N.-D. des Trois-Fontaines, Goué-zec.
N.-D. de Populo, Landudal, 1539.
N.-D. de Confort, Meylars, 1528.
N.-D. du Cran, 1550 Spézet.
N.-D. de Quillidoaré, Cast.
N.-D. de Kérinou-Lambézellec, 1530.
N.-D. de Derveannou, Plouider.
St Mie du Menez-Hom, 1574.
N.-D. de Peneran.
N.-D. de Berrien.
N.-D. de la Joie, Penmarch.
N.-D. des Vertus, Saint-Martin, Morlaix, 1545.
N.-D. de Larchantel, Plougoulm.
N.-D. du Penity, Quimper.
N.-D. du Paradis, Saint-Mathieu, Quimper.

N.-D. de Lojan, Riec.
N.-D. de Gouelet, Riec.
N.-D. de Tremalo, Nizon.
N.-D. de Tremorvezan ou des Trois-Maries, Nevez.
N.-D. de Tregornec, Nizon.

XVIIe siècle.

Ursulines de Quimper.
» de Quimperlé.
» de Landerneau.
» de Morlaix.
» de Saint-Pol de Léon.
» de Pontcroix.
Calvaire de Quimper.
» de Morlaix.
Carmélites de Morlaix.
N.-D. de Bon-Secours, collège de Quimper.
N.-D. de Kerlot, Quimper.
N.-D. de Kernilis, Kerfeunteun.
N.-D. de Menfouez, »
N.-D. de Grâces, Pluguffan.
N.-D. de l'Hôpital, Carhaix.
N.-D. de la Miséricorde, Hospitalières, Quimper.
N.-D. d'Ilijeour, Briec.
N.-D. de Pitié St-Huel, Landudal.
N.-D. de Bon-Secours à la Croix-Concarneau.
N.-D. de Lorette, Lanriec.
N.-D. de Lorette Plogonnec.
N.-D. des Neiges, Kerbader-Fouesnant.
N.-D. du Peniti, Forêt-Fouesnant.
N.-D. de Kergornec, Forêt-Fouesnant.
N.-D. du Peniti, Gouesnac'h.
N.-D. du Loc'h, Lababan.

N.-D. de Grâces, Boissière-Plonéis.
N.-D. de Pitié, Keroual-Plouguin.
N.-D de Pitié, Keraflech-Milizac.
N.-D. de Pitié, Kerazaouen-Plourin.
N.-D. de Pitié, Poullaouen.
N.-D. Auxiliatrice, Conquet (Dom Michel.
N.-D. du Frout, Carhaix.
N.-D. de Pennavern, Leuhan.
N.-D. de Gouelet, Leuhan.
N.-D. de Ponthouar, Trégourez.
N.-D. de Porzsalud, Crozon.
N.-D. du Folgoat, Lanléveanec.
N.-D. des Cieux, Huelgoat.
N.-D. de Hellen, Edern.
N.-D. de Lannien, Edern.
N.-D. du Niver, Edern.
N.-D. de Treguron, Gouezec.
N.-D de Succiniou (De Grâces), Ploujean.
N.-D. de Traonfeunteniou, Ploujean.
N.-D. de la Clarté, Plouigneau.
N.-D. de Guir-Sicour, St-Thégonnec.
N.-D. du Cloître, St-Thégonnec.
N.-D. de Lorette, St-Pol.
N.-D. de Kersaliou, St-Pol.
N.-D. de Kergoulouan, Plouvorn.
N.-D. de Brelevenez, Cléder.
N.-D. de Lorette, Redené.
N.-D. du Folgoat, Locunolé.
N.-D. de la Clarté, Guilligomarch.
N.-D. de Creach-an-Goal, Melgven.
N.-D. de la Clarté, Querrien.

N.-D. de Bonne-Nouvelle, Querrien.

N.-D. de Trémor Riec.

N.-D. de Trebellec, Riec.

N.-D. de Penvern, Riec.

N.-D. de la Mercy, Scaër.

N.-D. du Folgoat, Ploneour-Lan-
vern.

N.-D. de Pitié, la Croix, Cléden
Cap-Sizun.

N.-D. de Lannouree, Bonne-Nouvelle, Goulien

N.-D. de Bon-Voyage, Plogoff.

N.-D. de Croasiou, Loctudy.

N.-D de Tréguideau, Plobannalec.

N.-D. du Rosaire, Treméoc.

N.-D. du Carmel, Brest.

N.-D de Grâces, Robars.

N.-D. des Fontaines, Daoulas.

N.-D. de Lorette, Gouesnou.

N.-D de Bon-Voyage, passage,
Plogastel-Daoulas.

N.-D. du Coum ou Tavay, Lannilis.

N.-D. de Penfeunteun, Landéda.

N.-D. de Bonne-Nouvelle, Kerlouan.

N.-D. de la Clarté, Kernouez.

N.-D. du Croazou, Kerlouan.

N.-D. du Folgoat, Plabennec.

N.-D. de Bonne-Nouvelle Gui-
pronvel.

N.-D. du Folgoat, Landerneau 1669.

IV

FONDATIONS

Après les sanctuaires élevés à Marie nous devons citer, comme témoignages de notre reconnaissance envers elle, les largesses, dons par testaments et fondations en son honneur dans la suite des âges.

Sujet des plus vastes qui pourrait se rattacher à la notice spéciale consacrée à chacun des sanctuaires. Les archives publiques et particulières offrent une source abondante de renseignements pour cette étude. Donations princières à l'occasion de la fondation des monastères, des églises, des chapelles, notamment pour Notre-Dame du Folgoat, Notre-Dame du Mur, Notre-Dame du Creisker, etc.

En dehors de ces largesses déjà signalées, en voici quelques autres moins connues :

1414. Don à Notre-Dame de la Cité d'une maison à Quimper, par Daniel Ansquer (G. 24).

1439. *Johannes monachus*, le Moine ou Manac'h, fonde un obit en l'église de Notre-Dame de la Cité, et donne par testment 2 ℔ de cire à l'église de Notre-Dame de Kerzevot en Ergué-Gabéric, et à l'église nouvellement érigée à Locrenan en l'honneur de Notre-Dame.

1462. L'Evêque de Léon, Philippe de Coetquis, fait une fondation à l'église de Notre-Dame du Mur, Morlaix (G. 132).

1467. Jean de Richemont fait plusieurs legs à Notre-Dame du Mur et à Notre-Dame de la Fontaine, Morlaix (G. 276).

1477. Donation de 12 den. de rente sur le manoir de Penancoet à Cuzon, à Notre-Dame du Guéodet (G. 24).

1478. Autre donation de 6 s. 8 den. de rente à Notre-Dame du Guéodet par Meance Coulon (G. 103).

1493. Testament du sieur de Coatmenech, faisant des legs au Folgoat, à Notre-Dame de Lesneven, Notre-Dame du Pont-Chastel, Notre-Dame des Carmes à Léon, et à Notre-Dame de Creisker, etc., etc.

1304. Procuration est donnée par Jean Silgny, prêtre, vicaire de Notre-Dame de Caël à Saint-Pol, et chapelain de la chapellenie de la Vierge à Notre-Dame de Creisquer — du 4 juin 1304 — la construction de cette chapelle était donc antérieure à cette époque (G. 124).

1376. A l'occasion de l'anniversaire de Geoffroy Le Marhec, chanoine de Quimper, le Chapitre s'oblige chaque jour après vêpres, excepté le samedi à réciter l'antienne *Salve Regina*, et le samedi à se rendre en procession à l'autel où est l'image de Notre-Dame du Marché au Blé, où l'on chantera l'antienne de saint Corentin. Cet autel se trouvait où est actuellement la chapelle Saint-Roch.

Le 9 février 1489 (n. s.) Guillaume David, chanoine, fonde une chapellenie perpétuelle d'une messe par semaine en l'honneur de la Sainte Vierge, qui sera dite sur l'autel de saint Benoît, et il donne au chapelain titulaire la maison qu'il habite à Quimper (G. 92).

1516. Antoine du Perrier, sieur de Coetcanton, fonde une chapellenie dans la chapelle de Kenech-an-goal en Melgven (G. 134).

1521. Présentation de chapellenie de Notre-Dame de Pitié à Landivisiau présentée par le sieur de Balanant (G. 168).

1526. 27 avril. Le chapitre de Quimper érigea en chapellenie perpétuelle certaine fondation d'une messe basse tous les vendredis à être célébrée en la chapelle de Notre-Dame de Kergoat en Quéménéven, dont est fondatrice Marguerite Le Héno, et premier titulaire M. Alain Ballé.

1533. Fondation d'une chapellenie en la chapelle de Notre-Dame de Roscudon à Pontcroix, par Constance Le Dimanach (G. 107).

1535. Chapellenie desservie par sept prêtres, *super altare majus intemeratæ virginis,* à Poullaouen.

1607 15 mars. Le sieur de Trélen fonde une messe à note chaque fête de Notre-Dame dans la chapelle de Notre-Dame de Bonne Nouvelle ou de Trélen en l'église de Plonéour-Lanvern (G. 530).

1615. M. du Marc'hallach, recteur primitif de Plonéis, y fonde un office pour toutes les fêtes de Notre-Dame.

Plusieurs de ces fondations sont faites en l'honneur des différents mystères de Notre-Dame.

Le 13 septembre 1290, Nicolas IV accorde des indulgences à ceux qui visiteront l'église de Sainte-Croix de Quimperlé, le jour de la fête de la Sainte-Croix et de l'*Assomption* de la Vierge, ainsi que pendant l'octave de ces fêtes.

1319 29 juin. Indulgences en l'église cathédrale de Saint-Pol aux fêtes de la Nativité de Notre-Dame et de l'Assomption.

1477. Chapellenie de la Conception de Notre-Dame fondée depuis de longues années à la cathédrale de Saint-Pol.

1562. François de Parcevaux, archidiacre d'Acre, chanoine, vicaire général de Léon, recteur de Plounéventer et de Plouguerneau, fonde sept messes en l'honneur de Notre-Dame aux fêtes de la Purification, Annonciation, Visitation, Assomption, Nativité, Présentation et Conception Notre-Dame (r. E. 81).

1629. Fondation à Notre-Dame de Callot de messes à dire aux jours de la Nativité, Conception, Purification, Annonciation et Assomption de Notre-Dame.

1652. Fondation d'une lampe devant l'autel de Notre-Dame de la Victoire à Quimper par M. le Marquis de Molac, gouverneur de Quimper « cette fondation sera gravée sur une plaque de cuivre et mise aux pieds de la grande image de la Vierge ». G. 111).

1666. Laurent Brezel, recteur de Plouzévédé (depuis 1651), donne une rente de 6 # pour un service solennel le jour de Notre-Dame des Neiges en la chapelle de Berven.

Le 3 août 1668. Le Roi écrivit à l'Evêque de Léon : « Ayant toujours eu une dévotion très particulière envers la Sainte Vierge, je n'ai pas voulu seulement que la fête de la Conception soit de précepte, mais qu'elle fût solennellement fêtée avec octave ».

Quelques formes de dévotion envers Notre-Dame.

Respect pour ses fêtes. — Une des premières lettres de Jean V (1405) fut un mandement « aux officiers de Cornouaille de transmuer les foires qui estoient tenues au dimanche, au lundi, pour la révérence de Dieu et de la benoîte Vierge Marie ».

La forme la plus ordinaire de dévotion fut celle des *processions*. Lors de la peste de 1598, Mgr de Neufville, évêque de Léon, institua la procession générale des églises de son diocèse à Notre-Dame du Folgoat ; et vers cette époque les habitants de Morlaix, délivrés de la contagion, vinrent au Folgoat offrir « un portrait en cire de leur ville avec une notable aumône ». (Kerdanet).

Les délibérations du Chapitre de Léon fournissent plusieurs ordonnances relatives à ces processions.

En 1627, une procession générale est prescrite le jour de saint Barnabé à la chapelle de Notre-Dame de Lambader.

Le 28 septembre 1628, « sur avis reçu que les rebelles de La Rochelle ont passé pour devoir attaquer la digue, les capitulants, afin de prier Dieu pour les nécessités publiques et heureux succès des armes de Sa Majesté ont ordonné qu'il se fera demain, procession générale à Saint-Michel (chapelle de Saint-Pol) le 30, à Notre-Dame de Bonne-Nouvelle de Pratanrou, et le 31 à Notre-Dame de Creisquer et des Carmes ». (r. G. 473).

Le 24 septembre 1671, « le Chapitre apprenant que l'Évêque de Léon est détenu de maladie en la ville de Vitré. (M. de Montigny, qui y mourut) pour sa guérison on ira processionnellement jusqu'à la Toussaint, tous les samedis, à la chapelle de Notre-Dame de Bonne-Nouvelle ».

La pièce suivante nous parle d'un usage touchant qui existait à Morlaix (G. 258.

En 1670. Bonaventure Tobis et Guillaume Mauduit se défendent contre une action intentée à eux par Alain Falhun, fabrique de la Confrérie de Notre-Dame de Bonne-Nouvelle en l'église de Saint-Mathieu de Morlaix, se réclamant de leur bonne foi.

« Leur procédé n'a été que pieux ; et cependant ils se voient attaqués pour avoir voulu marquer extérieurement leur dévotion à l'endroit de la Reine des lumières. La confession ingénue de ce qu'ils ont fait par un mouvement de dévotion sera toute leur défense. Etant voisins de l'image de Notre-Dame qui est au-dessus de la porte par laquelle on sort de la ville close pour aller à Saint-Mathieu, ils en ont eu soing à leur possible ; et peu à peu ont fait faire quelques petits ornements qui sont de très peu de conséquence, pour témoigner un plus grand respect à l'image et causer une plus grande dévotion à la Vierge qu'elle représente. Au soir après leur travail ils ont fait leurs prières et rendu leurs actions de grâces à celle qu'ils savent bien les avoir beaucoup aidés à bien employer le jour, cependant que les enfants chantaient les litanies en la louange de leur protectrice; et ils ont, du consentement du vicaire de la paroisse, mis une bouette pour mettre leur offrande tant au commencement de la semaine qu'autre jour, à la discrétion de chacun et en intention que ces aumônes soient employées pour réparer et orner la dite imaige, entretenir la nuit un cierge ou chandelle allumée, ce qui a esté pieusement exécuté jusqu'à présent, par ordre du sieur vicaire, et la bouette n'a été ouverte qu'en sa présence ou celle de quelqu'un de sa part. Il y a de pareilles dévotions dans presque toutes les villes de la province, même en cette ville paroisse Sainte-Maxine, et on n'a jamais ouï dire qu'elles aient été troublées..

—Il serait intéressant d'entreprendre quelques recherches; comme on l'a fait ailleurs, sur les images de Notre-Dame qui ornaient ou ornent encore nos carrefours et l'extérieur des maisons dans plusieurs de nos villes.

Dans nos pardons et pèlerinages il est d'un usage constant que les pèlerins doivent toucher de la main l'image vénérée ; ils ont la foi de la femme de l'Évangile : *Si je touche le bord de son vêtement je serai guérie*, ils entendent par là être plus efficacement en contact avec la vertu dont ils considèrent l'image sainte comme imprégnée.

Souvent cette dévotion est quelque peu dommageable à la statue elle-même ; mais il serait dangereux de vouloir la soustraire à cette caresse familière, car, si on ne peut l'atteindre de la main, soit qu'elle soit trop élevée, soit qu'elle soit entourée d'un trop grand nombre de pieux clients, immédiatement ce sont les bâtons blancs des pèlerins, les parapluies ou les ombrelles qui se dressent et s'efforcent avec plus ou moins de modération d'atteindre le but désiré.

C'est peut-être pour soustraire Notre-Dame du Kergoat en Quéménéven à cette forme indiscrète de dévotion que sa statue massive en Kersanton avait été posée fort haut au fond du chœur. Les pèlerins ne pouvaient être arrêtés par cet obstacle, et le jour du pardon une échelle appliquée au mur permettait aux dévots intrépides, hommes et femmes surtout, de venir baiser les pieds de la Vierge, ou du moins toucher de la main les beaux ornements dont elle était revêtue pour la circonstance. Cette escalade n'était pas sans inconvénient, et un recteur avisé ne pouvant empêcher l'ascension de l'échelle l'a rendue moins pénible et plus convenable en établissant un escalier à deux rampes qui facilite singulièrement cette pieuse démonstration de la confiance en Notre Dame du Kergoat qui a la spécialité de guérir des hémorragies ou d'en préserver.

V

CONFRÉRIES

La forme la plus populaire comme aussi la plus salutaire de notre dévotion envers Marie c'est l'institution de confréries en son honneur; et parmi celles-ci doivent être rangées, en première ligne, les confréries du Rosaire, du Scapulaire, du Mont-Carmel, et les congrégations de la Sainte Vierge. qui ont donné lieu à d'intéressantes communications pendant ce Congrès.

Nous noterons simplement ici que dès le XVIe siècle nous avons constaté chez les Dominicains de Morlaix un autel sous le vocable de *Notre-Dame du Chapelet*, et nous pensons que les chapelles dédiées à Notre-Dame de *Treguron* sont bien sous le vocable de Notre-Dame du Rosaire ou des Trois-Couronnes.

Nous constatons également. dès 1606, une confrérie de Notre-Dame du Scapulaire établie chez les religieux Carmes de Saint-Pol (G. 134-139), et le 8 octobre 1663. les chanoines de Léon obtinrent des lettres d'affiliation pour être participants aux suffrages et prières de la dite confrérie.

Mais nous voulons signaler surtout quelques autres confréries de Notre-Dame moins connues.

Notre-Dame de Bonne-Nouvelle à Saint Martin de Morlaix en 1482.

Notre-Dame des Cinq-Plaies dans la même église en 1572.

Notre-Dame des Neiges à Saint-Melaine de Morlaix, 1579.

Notre-Dame des Agonisants à Notre-Dame du Mur, 1680.

Notre-Dame des Vertus à Saint-Melaine en 1654.

Bref d'indulgence pour la confrérie en l'honneur du Cœur de Jésus et du Cœur de sa Mère, érigée en la chapelle de Notre-Dame des Vertus à Saint-Martin de Morlaix. — La feuille de concession porte, gravé en tête, un cœur dans lequel sont figurées les images de Notre-Seigneur et de Notre-Dame ; cette pièce porte la date de 1667 (G. 251).

Nous trouvons en 1764 une confrérie sous le même vocable existante à Pontcroix.

Confrérie de la Sainte Famille, érigée en la chapelle de Lochrist (Plounevez) indulgences accordées en 1674.

Congrégation des artisans établie au commencement du XVIIIe siècle (1700) dans la chapelle des Pères Jésuites du collège de Quimper, sous le titre de Notre-Dame de l'Assomption (D. 7).

Nous citerons enfin *la confrérie de Notre-Dame de l'Esclavage*, dont nous n'avons trouvé que deux mentions, l'une pour la Cornouaille, l'autre pour le Léon.

Vers 1650 (G. 93) Hamon, prêtre, sieur de Kermadoret, « fonde pour le jour de l'Annonciation, à la chapelle de Lorette en l'église de Saint-Corentin où est à présent érigée la confrérie de l'*Esclavage perpétuel* de Notre-Dame sous le titre et invocation de Notre-Dame de Lorette, un office solennel après lequel on récitera un *De Profundis* particulièrement à l'intention des dévots esclaves trépassés de la dite Confrérie ».

Le 30 août 1659, le pape Alexandre VII accordait de nombreuses indulgences à la confrérie érigée dans la chapelle de Saint-Maudetz en Pleyberchrist, sous le titre de l'esclavage de la Vierge Mère de Dieu, *sub titulo servitutis*

Deipara virginis. Il est à remarquer que des indulgences sont accordées pour les fêtes de Notre Dame et notamment *in festo Conceptionis ejusdem beatæ Mariæ immaculatæ.*

C'est de cette confrérie de l'esclavage que dut s'inspirer la dévotion spéciale du grand serviteur de Marie, le bienheureux Grignon de Montfort, tout en se gardant des exagérations dans lesquelles étaient tombés les confrères esclaves de Marie dans le port d'insignes, médailles et chaînes que Benoît XIV dut prohiber, comme il se voit dans le texte des règles générales de l'index.

Chanoine P. PEYRON (de Quimperlé),

Archiviste de l'Evêché.

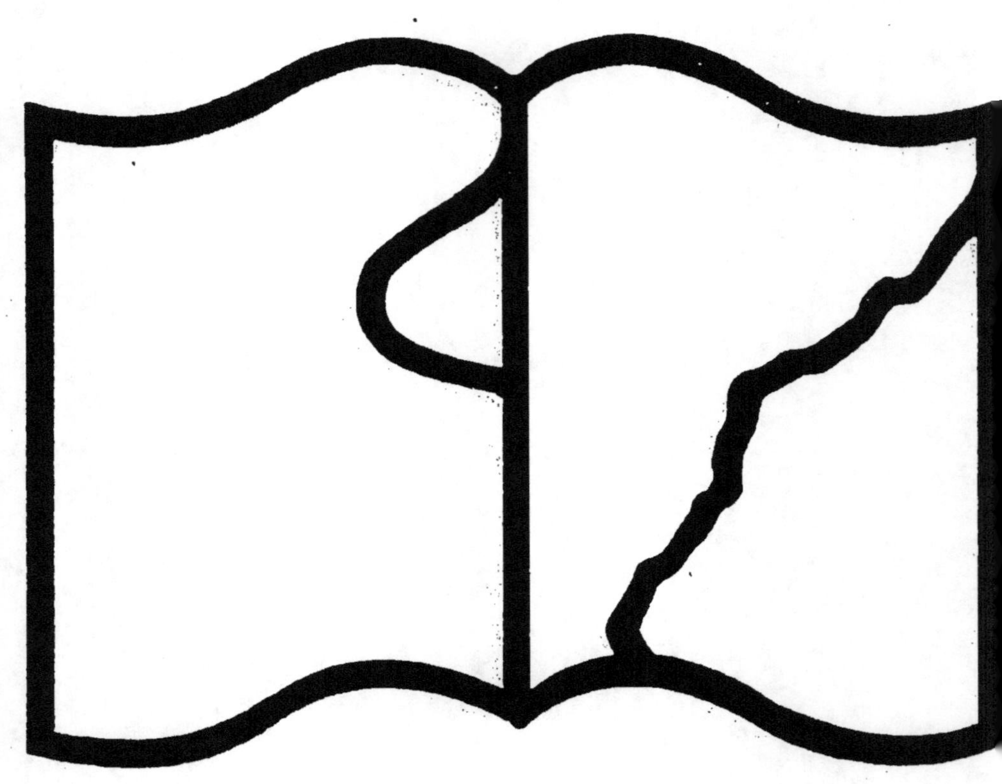

Texte détérioré — reliure défectueuse

NF Z 43-120-11